KB138746

우리 아이가
ADHD라고요?

우리 아이가 ADHD라구요?

초판 발행 2024년 3월 28일

지은이 이사비나 **펴낸이** 이성용 **책디자인** 책돼지
펴낸곳 빈티지하우스 **주소** 서울시 마포구 성산로 154 4층 407호(성산동, 충영빌딩)
전화 02-355-2696 **팩스** 02-6442-2696 **이메일** vintagehouse_book@naver.com
등록 제 2017-000161호 (2017년 6월 15일) **ISBN** 979-11-89249-84-7 03370

우리 아이가
ADHD라고요?

우당탕탕 아이를 키우는
교사 엄마의
좌충우돌 육아 가이드

이사비나 지음

빈티지하우스
VINTAGE HOUSE

몇 년 전, 유치원생인 둘째의 행동에서 ADHD를 가진 친동생의 어린 시절 모습이 겹쳐 보인다는 말을 무심코 뱉었다가 아내에게 크게 타박을 받았습니다. 안타깝게도 그 예감은 전문가의 예리한 촉이라기보다 제 실제 기억이 알려 주는 것이었습니다.

아이는 ADHD 진단 항목을 하나씩 충족시켜 나가더니 초등학교 4학년이 되어 각종 진단 평가를 통해 ADHD 진단을 받고 치료제를 복용하기 시작했습니다. 하지만 아이에게 영재성이 보인다면서 학원의 상위 클래스로 넣어줄 수 있다는 권유를 받은 아이 엄마의 마음은 흔들리기 시작했습니다.

결국, 아내는 유튜브 영상을 통해 찾은 교육심리센터에서 아이를 재평가 받겠다고 하여 저와 갈등을 빚었습니다. 해당 센터에서는 영재 아이들이 특출한 재능으로 인하여 보통의 아이들과 어울리기 어렵고 범상치 않은 행동으로 인해 ADHD로 오진을 받고 불필요한 치료를 받는 일이 많다며 홍보하고 있었습니다.

제 반대를 무릅쓰고 해당 센터에서 검사를 받고 온 아이가 "엄마가 검사 전에 치료제를 꼭 먹으라며 챙겨주었는데 검사 결과에 영향을 주는 건 아니냐"며 고자질을 해서 큰 소리로 웃었던 기억이 납니다.

제가 겪은 일화를 소개하는 이유는 아이 엄마를 공개적으로 망신 주기 위함이 아닙니다. 이 세상 엄마의 마음이란 거의 다 같기에 어느 가정에서도 겪을 수 있는 일이기 때문입니다. 배우자인 정신건강의학과 의사가 맞다는 데도 '혹시나' 하며 자녀의 질환을 인정하기 어려운데, 보통 가정에서 자녀가 ADHD일지도 모른다는 말을 듣는 엄마의 심정은 어떨까요?

더 큰 우려는 잘 드러나지 않는 유형의 ADHD는 미리 감지하는 것이 더욱 어렵다는 사실입니다. 미디어에서 소개되는 사례는 증상의 정도가 심하거나 과잉행동 유형이기에 눈에 쉽게 띄는 경우입니다. 하지만 ADHD를 가진 아이들의 절반 가까이가 조용한 양상의 증상을 지속적으로 겪고 있을 가능성이 높습니다.

ADHD로 인한 행동은 또래의 평균적인 반응 범주를 벗어나지만 아이 스스로는 무엇이 문제인지 인식하기는 어렵습니다. 그래서 ADHD를 조기에 발견하여 아이의 평소 행동이 주변에 어떻게 비추어지는지 알려주지 못할 경우, '이상한 아이', '고집스러운 아이', '눈치 없는 아이', '경솔한 아이'로 오해를 받게 되어 정체성과 자존감 형성에 현저한 영향을 줍니다. 또한, 학업수행과 사회성 발달에도 큰 영향을 미치게 됩니다.

특히, 여자아이의 경우 청소년기에 동성 친구들 사이의 미묘한 감정 읽기를 잘 못하여 오해를 받거나 따돌림을 겪게 되어 우울증으로 발전할 가능성이 높습니다. 하지만 근본적인 문제가 ADHD에서 비롯된 것임을 모른다면 상황을 개선시키는 것은 매우 어렵습니다.

이렇듯 부모가 ADHD를 일찍 알아채는 것도 어렵고 병원 문턱을 밟는 부담도 크지만, 전문가 또한 부모가 알려주시는 정보만으로 진단하는 것이 꽤 어려운 일입니다. 아이들은 한 해가 다르게 성장하며 습관과 행동이 달라지다 보니 어떤 변화가 문제적 증상인지 구분하기 어렵고 청소년기에는 소통의 부재로 인해 부모들이 자녀에 대해 잘 모르는 경우가 상당히 많기 때문입니다. 따라서 자녀들이 하루의 대부분을 보내는 학교에서, 선생님의 시선으로 관찰한 정보는 너무나도 귀중합니다.

《우리 아이가 ADHD라고요?》는 저자가 엄마의 절실한 마음과 선생님의 시각에서 관찰하고 터득한 지식을 바탕으로 엮어냈기에 국내에서 출간된 ADHD 관련 서적들과 독보적으로 차별화된 가치가 있습니다.

저자는 ADHD 자녀를 키우면서 파악한 ADHD 핵심 특성들이 학생들의 성향에 따라, 학년에 따라 다양한 양상으로 나타나는 것을 꿰뚫고 있습니다. 책 서두에서는 부모와 선생님이 ADHD를 겪는 아이들을 위해 다양한 모습으로 나타나는 ADHD의 본질을 제대로 아는 것이 최우선이며 이를 토대로 아이들이 일상에서 작은 성과를 쌓아가는 것이라는 핵심을 잘 전달하고 있습니다.

각론에서는 부모와 선생님의 역할을 통해 겪은 저자의 체험과 수많은 참고 서적을 탐독하여 얻은 정보를 토대로 ADHD에 대처하기 위한 방법론을 국내 실정에 맞게 제시하고 있습니다. 취약한 일상 습관을 바르게 만들고 학교에서 잘 적응하기 위한 방법, ADHD에 최적화된 학습법이나 사회성 개선을 위한 팁에 이르기까지 다양한 기술을 두루두루 소개한 내용은 너무나도 유용합니다.

특히, 책의 말미에는 ADHD 자녀를 둔 엄마의 심정을 너무나도 잘 아는 저자가 이 모든 노력을 위해 엄마 자신의 마음을 다잡고 힘을 내는 것이 무엇보다 중요함을 강조하며 격려와 조언을 추가로 담았습니다. 여기서 저자가 같은 처지의 독자들에게 도움이 되고자 하는 마음이 얼마나 진심인지 느낄 수 있었습니다.

《우리 아이가 ADHD라고요?》는 이 책 한 권만으로도 ADHD 자녀를 양육하는 부모나 ADHD 학생을 지도하며 밤잠 이루기 어려운 선생님 모두에게 유용한 필독 도서가 될 것이라 믿어 의심치 않습니다.

ADHD와 더불어 사는 정신건강의학과 전문의

신재호

🔺 차례

믿을 수 없었던 그날의 기억 그리고 희망

어쩌면 교사의 직감이었을까요, 아니면 엄마의 본능적인 느낌일지도 모르겠습니다만 '우리 아이가 ADHD(주의력 결핍 과다행동 장애)일지도 모른다'는 생각이 들었습니다. 이 아이를 키우는 일이 왜 이리도 벅찬지, 혹시 ADHD 때문이라면 또 어떻게 대처해야 하는지 막막했습니다. 그런 막막함을 안고서 정신건강의학과 팻말이 걸린 복도로 걸어 들어갔습니다. 엄마로서의 용기였죠.

세모의 7살 봄날, 의사 선생님은 노란 포스트잇에 'ADHD'라는 글자를 연필로 연하게 적어주셨습니다. 마치 7살 아이가 종이 위의 글자를 알아볼까 염려하시는 작은 배려였습니다. ADHD란 그런 것이었습니다. '아무도 알아선 안되는 정신건강의학과의 진단명', 그 순간부터 저에게는 가장 외롭고 무거운 비밀이 생겼습니다.

진단을 받고도 약물 치료를 해야 할지, 놀이 치료라도 받아야 할지 아이의 미래를 생각하며 혼자서 고민해야 했습니다. 고민의 과정을 겪는 중에도 유치원에서 오는 전화를 여러 번 받아야 했습니다. 저는 겨우 서른 몇 해를 살아오며, 딱 세모 나이만큼의 경력을 가진 엄마였을 뿐이었기에 모든 것이 처음이고 두려웠습니다.

약물 치료를 시작했을 땐, 검색으로 알게 된 무서운 부작용들을 보며 '정말 내가 이 약을 아이에게 먹일 수 있을까?' 하고 자문했습니다. 통제 불가능한 일이 생기면 의지도 상실하고 무력해진다는 것을 그제야 깨닫게 되었습니다. 모든 과정이 철저히 외로웠고, 매일같이 불안과 함께했습니다.

매일같이 출근하던 학교라는 직장마저도 두려움의 대상이 되었습니다. ADHD 진단을 받은 아이가 과연 학교라는 곳에서 적응할 수 있을까? 등교하는 아이의 뒷모습이 자랑스럽기보다 두려웠습니다. '언제 또 전화가 올까?', '복직은 할 수 있을까?', '약을 먹는다면 평생 먹어야 하는 걸까?' 이런 걱정을 한가득 안고 하교하는 아이를 웃으며 안아주지도 못했습니다. "오늘은 안 혼났어?" 저를 안심시키기 위해 아이에게 하루의 안부를 물어야 했습니다.

이렇게 평생 불행할 거라고 생각했습니다. 도대체 ADHD가 무엇인지, 그래서 어떻게 키워야 하는 것인지 온갖 책을 사서 읽어보았습니다. 아이러니하게도 책을 읽을수록 더 막막해졌습니다. "ADHD 아이를 키운다면 이렇게 해야만 합니다"라는 의무만 가득한 느낌이었습니다.

항상 책에서 위로받고 배워왔는데 좀처럼 롤러코스터를 타는 마음을 진정시킬 수 있는 책을 찾을 수 없었습니다. 알면 알수록 두려웠습니다. 우리 아이가 과연 잘 자랄 수 있을까? 그리고 그 힘겨운 과정을 나는 잘 감당해나 갈 수 있을까?

대신 같은 고민을 하는 엄마들이 쓴 글들을 보면서 왠지 모를 동질감과 위로를 느꼈습니다. "당신만 힘든 게 아니에요. 저도 같은 고민을 하고 있어요"라는 공감을 주는 글들이었습니다. 그렇게 저도 브런치 스토리에 글을 쓰기 시작했습니다. 내 안에 있는 고뇌와 아픔들을 다 털어놓았죠. 써놓은 글들에 달리는 댓글들을 보며 반갑기도 하고 '이렇게 많은 엄마가 홀로 끙끙 앓고 있었구나!' 하며 안타까웠습니다. 아파하며 써 내려간 글들에 공감의 눈물을 흘려주는 독자들을 만나는 순간, 나 스스로를 위로하던 글이 타인을 위로할 수 있다는 것을 깨닫게 되었습니다.

"ADHD 아이를 키우는 교사 엄마."

세모의 ADHD는 제게 새로운 정체성을 주었습니다. 'ADHD 아이를 키우는 엄마'라는 정체성을요. 사실 교실에서 만나온 학생들의 ADHD는 그저 제 삶에서 1년간 스쳐가는 존재였습니다. '교실에서 날 힘들게 하던 ADHD 학생이 우리 아이라니?' 믿을 수 없었습니다. 그렇게 초대하지 않은 ADHD 는 세모와 제 인생에 들어왔습니다.

1년만 맡아 가르치면 됐던 학생이 아닌, 평생을 함께 해야 하는 우리 아이에게 ADHD가 있다는 것을 인정해야 했습니다. ADHD 아이를 키우는 부모가 되고 나서야 ADHD 아이와 부모님들이 얼마나 학교를 두려워하는지 알게 되었습니다. 학교에서 전화가 올 때면 가슴이 두근거리고 식은땀이 나는 경험을 비로소 느껴보았습니다. 저도 제가 거는 전화가 학부모님께 어떤 느낌일지 전혀 몰랐습니다. 같은 상황이 되고서야 알았지요.

그래서 이 책을 통해 알려드리고 싶었습니다. ADHD를 가진 나의 아이가 버거워 도망가고 싶을 때, 여기 그 마음을 이해하는 '교사 엄마'가 있다고요. "외롭게 무거운 비밀을 이고 지고 가지 말고, 저와 함께 하세요"라고 말하고 싶었습니다. 교육자이기에 우리 아이들이 학교에서 실패감만 느끼지 않도록 어떻게 도와줘야 할지 열심히 공부했습니다. 아이를 관찰하고 학교의 여러 상황을 고려해가며 온 마음을 다해 고민하였습니다. 그 고민과 노력의 흔적을 이 책에 담았습니다.

세모의 ADHD 치료기는 현재진행형입니다. 예전에는 언제 약을 끊을 수 있을까, 언제 이 업을 내려놓을 수 있을까 계속 헤아려 봤습니다. 그러나 이젠 먼 미래를 보지 않습니다. 당장의 하루가 너무 소중하다는 것을 알기 때문입니다. 세모의 미래가 창창한 밝은 미래일 것이라고 자만하지도 않습니다. 그저 긴 마라톤과 같은 아이의 치료 과정을 완주하기 위해 우리가 어떤 마음으로 나아가야 할지 고뇌합니다.

저와 같이 ADHD 아이를 키우는 부모에게는 아이의 증상을 의심했던 날들, 병원에서의 진료, 진단 이후 약물 치료까지 수많은 선택의 순간들이 있었을 것입니다. 우리는 그 과정에서 여러 번의 실수도 할 겁니다. 그럼에도 다시 일어나야 하는 이유는 너무 분명하지요. 아이들에게 부모는 우주나 다름없으니까요. 좌절하고 실수하고 쓰러지고 싶은 날에 이 책의 단 한 구절이라도 그 마음을 다시 일으키는 데 도움이 될 수 있으면 좋겠습니다.

이 책에 담아낸 마음들

1장에는 아이의 ADHD를 의심하는 부모님과 아이가 이미 진단을 받은 부모님에게 도움이 되는 검사, 진단, 약물 치료와 관련한 이야기가 담겨 있습니다.

2장은 ADHD 아이를 키우면서 일상에서 마주하는 어려움을 어떻게 헤쳐나가야 하는지에 대한 내용입니다. 2장을 읽으면서 주의할 점이 있습니다. 세모에게 맞는 양육법이 다른 아이에게도 효과적일 거라고 생각하시면 안 됩니다. ADHD는 스펙트럼처럼 양상이 다양합니다. 어떤 아이는 과잉행동이 심하고 어떤 아이는 조용하지만 주의 집중이 어렵고 불안과 강박이 함께 있기도 합니다. 따라서 책의 내용을 정답처럼 생각하지 않기를 바랍니다. 제 방법이 누군가에게는 틀린 답이 될 수도 있습니다. 그저 저의 양육 태도를 봐주세요. 아이를 잘 관찰하고, 아이와 부모의 관계를 지키면서 건강하게 양육하고자 노력하는 태도를 중점적으로 본다는 마음으로 읽어주시기 바랍니다.

3장에는 우리 아이들의 학교생활에 도움을 주기 위해 교사로서 드리고 싶은 조언을 적었습니다. 우리나라는 ADHD 아이들을 도와줄 수 있는 시스템이 현저히 부족합니다. 이런 현실에서 아이를 위해 부모와 교사가 어떻게 협력할 수 있는지, 그 내용을 자세히 다루었습니다. 아이에게 그리고 부모님에게 더 이상 학교가 두렵지 않기를 바랍니다.

　4장의 내용은 부모님들이 가장 궁금해하는 학습에 대한 이야기입니다. ADHD라고 해서 학습을 포기해야 할까요? 아이의 특성을 잘 이용하여 학습 동기를 갖도록 하고, 학습을 습관화하도록 만드는 방법을 다루고 있습니다.

　성인 ADHD인들은 ADHD 때문에 사회생활에 어려움이 많다고 합니다. 어른이 되어서도 정신과에 스스로 찾아가는 이유죠. 여러 어려움 중에서도 인간관계가 가장 힘들다고 합니다.

　ADHD 때문에 아이들 역시 타인과의 소통이 어딘가 답답하고 어렵습니다. 단짝 친구는 기대하기도 어렵지요. 저는 학교에서 다양한 아이들을 보고, 개인 간의 의사소통 문제와 갈등을 많이 봅니다. 이러한 미묘한 아이들 간의 관계에 대한 이야기를 5장에서 다루었습니다.

　ADHD 아이를 키우다 보면 주변 사람들은 "아이에게 더 시간을 투자해라", "아이를 위해 희생해야 한다"라고 말하기도 합니다. 하지만 이 아이를 키울 수록 더욱, 그리고 여전히 제 자신이 애틋하고 소중합니다. 자신을 잃어버리면 절대 아이를 건강하게 키울 수 없습니다. 우리 자신을 돌보지 않고

서는 이 힘든 여정을 건강히 해낼 수 없습니다. 아이의 ADHD가 우리의 삶을 잠식하게 하지 않기 위해서 어떤 마음을 가져야 할까요? 마지막 6장과 7장은 ADHD 아이를 키우면서 나를 지키는 법에 대한 내용입니다.

왜 세모일까요?

우리 아이의 이름은 '세모'입니다. 브런치 스토리에서 글을 연재하면서 정한 가명입니다. 가명을 쓴 이유는 아이의 ADHD를 아이의 의견도 없이 아웃팅하고 싶지 않았습니다. 아이가 자신의 ADHD를 긍정적으로 수용하고, 세상에 말할 준비가 되었을 때 스스로 오픈하길 바라는 마음에 가명을 사용하게 되었습니다.

왜 세모냐고요? 세모는 과잉행동-충동형 ADHD를 가진 아이입니다. 어딘지 모르게 세모처럼 뾰족뾰족 어딜 가든 튑니다. 제가 세모의 행동을 통제하려고 할 때마다 세모 도형을 잡는 것처럼 어느 변을 잡아야 할지 잘 모르겠습니다. 반듯반듯한 네모는 양옆의 변을 쏙 잡으면 안정적으로 품에 안을 수 있을 것 같은데 말이죠.

세모는 어느 집단에 가든 동그라미와도 맞추기 어렵고, 네모와도 맞추기가 어렵습니다. 홀로 뾰족 튀어나온 느낌입니다. 맞추기 위해선 자신의 모서리를 살짝 꺾어야 합니다. 세모의 ADHD는 그런 게 아닐까 싶습니다. 뾰족 뾰족해서 자신의 모서리를 꺾어야 세상에 맞출 수 있을 것 같죠.

하지만 우리가 세모에게 맞추지 못하는 건 아닌지 생각도 해봅니다. 세상 사람들은 모두 다르게 태어납니다. 자신이 다른 사람들과 비슷한 반듯한 네모라고 어디서든 잘 구르는 원이라고 생각할지도 모르지만, 자세히 들여다보면 모두 다 다르게 태어났습니다. 다름의 정도에 따라 저 사람은 좀 덜 튀고 세모 같은 아이는 더 튀고 그 차이가 있을 뿐입니다.

유난히 더 튀고 뾰족해 보이는 아이여도 이 우주에서 가장 특별한 나의 아이, 세모가 참 좋습니다.

1장

ADHD,
너였구나

1장

ADHD,
너였구나

1

우리를 괴롭히던 게
ADHD라니

ADHD는 갑자기 생기는 것이 아닙니다

사람들은 ADHD가 갑자기 예고 없이 찾아온 질병 같은 것으로 생각합니다. 또는 부모가 잘못 가르쳐서, 양육 방식이 잘못되어서 생겼다고 자책합니다. ADHD는 아이가 태어날 때부터 아이의 성장과 항상 함께하고 있었다는 것을 모른 채 말이죠.

아이들은 만 3세까지는 규칙을 지키기 어려워합니다. 소아과에서 얌전히 기다리지 못하고 이것저것 만지며 돌아다니는 아기들을 보며 '어머, 쟤 ADHD 같은데?'라고 생각하지 않습니다. 그 나이대 아이들은 모두 충동적이고 자기의 욕구가 먼저이기 때문에 딱히 차이가 없어 보입니다. 그러나 되돌아보면 우리 아이와 ADHD는 항상 함께 있었습니다.

세모 역시 젖먹이 시절부터 키우기가 힘들었습니다. 출산하면 당연히 모유 수유를 해야 하는 것으로 알았던 초보 엄마였습니다. 자신감 있게 아이의 모유 수유를 시작했지만, 100일 정도 되었던 세모는 젖을 물리면 1~2분 먹다가 멈추고 주변을 두리번거렸습니다.

'왜 이렇게 집중하지 못하고 여기저기 쳐다보느라 밥도 못 먹는 걸까?'

세모는 세 돌까지 여느 아이들의 발달 속도를 잘 따라갔습니다. 오히려 대근육 발달은 너무 빨라서 뿌듯했습니다.

'남자아이라서 발차기도 힘이 센 거겠지?', '남자아이라 빨리 걷는 거겠지?' 하며, 남자아이라는 생각에 그 힘찬 에너지를 긍정적인 관점으로 바라봤습니다.

그런데 만 4세부터 전화벨이 울리는 일이 잦아졌습니다.

"어머님, 세모가요. 동글이를 툭 치고 밀었어요."

"어머님, 세모가 밥을 먹을 때 너무 일어서서 돌아다녀요."

"어머님, 특별 활동 시간에 자꾸 앞에 나가서 선생님이 말하고 있는데 교구를 미리 다 만져보고 그러네요."

세모의 선생님으로부터 가슴 아픈 말들을 들어야 했습니다.

중학교 교사로서 학급의 아이가 잘못한 일이 잦아지거나 심하면 가정의 도움을 요청하기 위해 전화를 자주 한 적이 있습니다. 통화를 하며 어머님들께서 어떤 감정일지, 사실 가늠이 잘되지 않았습니다. 학부모가 되고 나서야 선생님의 전화를 받았을 때 얼마나 당황스러운지, 그 감정을 알게 되었습니다.

전화를 받았을 때, 당혹감 뒤로 찾아온 감정은 부끄러움이었습니다. 어린이집에 다니는 아이들은 부모가 아이를 어떻게 양육했는지 어린이집에서 다 나타납니다. '내가 아이한테 뽀로로를 너무 많이 보여준 탓일까?', '밥 먹일 때 쫓아다니면서 먹인 게 잘못이었을까?', '왜 저렇게 방방 뛰는 아이가 태어났을까?' 세모가 어린이집에서 피해를 주는 아이라는 것을 알게 된 후, 저의 양육 방식에서 그 원인을 찾으려고 했습니다.

저의 양육 방식에 문제가 있다고 생각하니 아이를 더욱 열심히 훈육하기 시작했습니다. 선생님과의 통화가 끝나면 다섯 살의 세모를 붙잡고 모질게 혼을 냈습니다. 그 호통의 시간이 끝나도 세모의 행동은 좀처럼 개선되지 않았습니다.

이렇게 ADHD는 다섯 살을 기점으로 눈에 띄기 시작합니다. 항상 아이와 함께 했지만 몰랐을 뿐입니다. 어린이집 선생님들도 태어난 지 얼마 안 된 아이들의 미래를 점치듯 "이 아이는 ADHD 같으니 검사받아보세요"라고 쉽게 이야기하지 못합니다. 게다가 과잉행동이 없고 주의력 결핍만 있는 소위 '조용한 ADHD' 아이들은 미취학 시기에 발견하기가 매우 어렵습니다. 이 조용한 ADHD 아이들은 본격적인 학업이 시작되고 학습에 집중하지 못하면서 진단받게 되는 경우가 많습니다.

설마, 우리 아이가 ADHD?

사실 저는 ADHD에 대해 참 무지했던 교사입니다. 폭력적이고 수업 시간에 심하게 돌아다니는 아이들이 전형적인 ADHD라고 생각했습니다. 교실에서 유난히 튀고 수업에 관심 없는 아이, 계속 떠들거나 학교폭력을 자주 일으키는 그런 아이들이 과잉행동과 충동성을 가진 ADHD인 줄 알았습니다.

첫 발령 학교는 읍면 지역의 작은 학교였는데, 아이들이 술, 담배 문제도 많고 학업에 관심 없는 아이들도 많은 학교였습니다. 그 학교에서의 교직 경험은 이제 추억이 됐지만, 당시 20대 중반의 초임 교사에게는 너무 가혹한 현실이었습니다. 나눠준 학습지를 비행기로 접어서 나에게 날려버린 학생부터 체육관 옆에서 대놓고 삼삼오오 담배를 피우다가 걸린 학생들까지 그런 학생들만이 ADHD라고 생각했었습니다.

그런데 인터넷을 검색해보고 여러 전문의의 영상을 볼 때마다 우리 아이가 ADHD인 것 같다는 의심의 싹이 점점 커졌습니다. 세모가 7살이 되어 유치원에 가고 첫 주부터 아이가 규칙을 너무 잘 안 지킨다는 선생님의 전화가 오기 시작했습니다. 5살 때부터 전화를 받아 온 말썽꾸러기의 엄마 2년 차가 넘어가던 때였습니다. 매년 받아온 피드백인데도 선생님의 전화는 받을 때마다 새로웠습니다. 전화를 받을 때마다 눈물이 났고 화도 나고 창피했습니다. 무엇보다 세모가 너무 미웠습니다.

'넌 왜 다른 애들처럼 얌전하지 않아?', '넌 왜 엄마, 아빠가 그렇게 가르쳐도 밖에서 사고만 쳐?' 이런 생각만 들었습니다. 저를 부끄럽게 만든 건 모두 아이라고 생각했습니다. 차라리 유치원에 함께 등원하여 하루 종일 세모를 쫓아다니며 문제 행동을 다 고쳐주고 싶을 정도였습니다.

그런데 더는 세모를 미워하기만 하며 지낼 수 없었습니다. 이듬해 취학이라는 큰 산을 앞두고 있었기 때문입니다. 교사로서 학교의 분위기를 너무 잘 알기에 본능적으로 세모의 학교생활이 걱정되었습니다. 게다가 엄마들이 모이면 항상 도마 위에 오르던 세모의 이름을 더는 들어줄 수 없었습니다.

'학교 선생님께 계속 전화가 오면 어쩌지?'

가족들과 친구들로부터 세모의 입학 축하를 받으면서도 저는 선생님께 전화를 받을 걱정부터 했습니다. 학교에서는 충동적인 성향과 과잉행동 때문이라도 친구를 물리적으로 건드리거나 언어적인 실수를 하면 학교폭력 가해자가 될 수도 있기 때문입니다. 이젠 애써 외면해 온 그 단어를 마주해야 하지 않나 싶었습니다.

"ADHD."

금쪽같은 내 새끼가 바로 우리 세모일 수도 있다는 것을 인정해야 했습니다. 그렇게 우린 정신건강의학과 진료를 예약하게 되었습니다.

2

우리 아이가 혹시 ADHD일까 의심하고 있다면

그때 그 시절 가장 후회되는 것

부모들은 알고 있습니다. 아이의 산만한 증상부터 계속되는 선생님의 전화까지 부모는 모를 수가 없죠. '설마?', '그냥 좀 더 활발할 뿐이겠지', '애들이 다 집중 못 하고 그렇지 뭐' 하고 애써 외면해보기도 합니다.

그러다 미디어를 통해 우리 아이와 닮은 아이를 보게 됩니다. 미디어에서 전문가들은 "ADHD입니다. 약물 치료로 나아질 수 있습니다"라고 이야기하죠. 그렇게 '정말 우리 아이가 ADHD인가?' 하고 의심이 커지는 순간이 옵니다.

그 마음을 너무 잘 알고 있습니다. '우리 아이가 정신병을 앓고 있다고?', '진료기록에 남아서 취업도 못하고 사회에서 문제 있는 사람으로 낙인찍히면 어쩌지?', '정신과에 가면 진료기록을 취업할 때 다 본다더라, 아이가 나중에 사회생활 할 때 그 기록이 문제가 된다더라' 하는 '~카더라'에 두려워지는 것이 부모들의 마음입니다.

인터넷에 떠도는 정보는 부정확한 것들이 많습니다. 제가 우리 아이의 ADHD를 의심하던 그 시절 가장 후회되는 것이 있습니다. 바로 인터넷을 매일 검색하며 이 사람 저 사람이 하는 말들을 들으면서 정작 정신건강의학과 전문의를 빨리 만나지 않았다는 점입니다. 인터넷에 떠도는 것과 달리 법적으로 개인 진료기록은 본인의 동의 없이 제3자에게 공개할 수 없습니다.

부모인 우리는 아이의 ADHD를 어느 정도 확신하면서도 회피하게 됩니다. "나도 어릴 때 그랬어……, 그런데 이렇게 커서 잘 살잖아……" 하며 자신이 행복하게 잘 사니 아이도 그저 성향으로 여기며 자신처럼 잘 클 것이라고 호언장담하기도 합니다.

'긁이 부스럼 만드는 건 이닌지', '닙지에디시 그때', '이찍 이디시 그때, 그면 나아질 거야'라고 생각하며 회피하기 시작합니다. 부모도 너무 당혹스러운 일이라 자꾸만 회피하고 싶습니다. 그 마음은 너무나도 자연스러운 것입니다. 도대체 어떤 부모가 "우리 아이는 ADHD인 게 분명해" 하고 병원에 바로 데려가겠습니까?

그러나 조기 진단, 적기 치료의 혜택을 받지 못한다면 아이와 부모는 서로 왜 힘든지 모른 채 계속 도망 다니게 됩니다. 아이를 키우면서 받았던 눈충, 부부 간의 갈등, 내가 잘 양육하지 못했다는 자책감 때문에 더 회피하고 싶어집니다. 문제를 문제라고 말하지 못합니다. ADHD라는 정신과 진단명을 아이에게 주기보다 화살을 나에게 돌리는 게 더 낫다고 생각하는 거죠. 그렇게 한 번 더 부모는 자신에게 더 큰 짐을 줍니다. 그리고 아이는 한 번 더 ADHD 치료의 적기를 놓치게 되는 거고요.

　정신건강의학과에 가는 사람들은 문제가 있다는 인식이 제일 큰 걸림돌입니다. 교사들이 부모님께 ADHD 검사를 권유하기 어려운 이유가 바로 이것입니다. "우리 애가 정신병자라는 거냐?"라는 부모님의 반응이 두려워서이지요. 교사들이 힘들게 이야기를 꺼내면 부모는 심리상담센터에 아이들을 데리고 갑니다. 정서적인 문제, 양육 환경에서 생긴 문제인가 하고 상담센터나 사설 치료센터에 데려갑니다.

　전문 상담사와의 상담 치료도 물론 ADHD 치료에 도움이 됩니다. 하지만 ADHD는 뇌의 문제입니다. 아주대학교 의과대학 정신건강의학교실 조선미 교수의 《조선미의 현실육아 상담소》에서도 ADHD는 생물학적 문제이므로 상담보다 정신건강의학과에서 진단과 치료를 받아야 한다고 말합니다.

　저 역시 우리 아이에게 ADHD라는 프레임을 씌우기가 두렵고 미안했습니다. 상담센터에서 정기적으로 상담받고 위로받으면 자연적으로 해결되리라 생각했습니다. 병원에 가서 진단을 받아도 정신과 약을 언제까지 먹일 수 있을까, 약을 투약하다 다른 질환을 얻는 것은 아닐까 걱정되었습니다.

그리고 불안한 부모는 자꾸 부정확한 정보를 캐내려 합니다. 여기엔 함정이 있습니다. 병원에 가서 진단을 받고 약물 치료를 해야 한다는 사실을 알지만, 회피하고 싶은 마음에 온갖 정보들을 수집하는 겁니다. ADHD는 자연 치유할 수 있다고 말하거나 집에서도 충분히 관리가 가능하다는 정보들은 현실을 회피하고 싶은 부모의 영혼을 갉아먹습니다. ADHD는 명확하게 정신건강의학과 진단명입니다. 오직 정신건강의학과 전문의만이 검사를 통해 진단을 내릴 수 있고, 치료 방법을 제시할 수 있습니다. 아이를 위해, 불안감과 편견을 이기고 정신건강의학과 전문의를 만나보시길 바랍니다.

정신건강의학과에 대한 편견을 버리고 용기를 내야 할 때

우리나라는 정신건강의학과에 대한 편견이 짙은 편입니다. 정신건강의학과를 찾아간 사람들은 타인에게 상처받은 자신을 구원하고자 자진해서 가는 이들입니다. 예를 들어, 아이가 콧물이 나고 몸에서 열이 납니다. 감기라는 것을 인지하지요. 따뜻한 물도 먹이고 죽도 끓여 먹이지만 도저히 낫지 않으면 병원을 찾게 됩니다. 밤에 40도 이상의 고열을 보이면 응급실도 데려갑니다.

여기서 감기가 아닌 뇌의 문제로 바꿔봅시다. 뇌에 문제가 있다고 뇌가 보내는 신호, 즉 아이의 불편한 문제 행동은 콧물과 같은 증상입니다. 이 문제 행동이 잠시뿐이고 컨디션이 조금 안 좋거나 잠을 푹 자지 못해서 생긴 문제라면 잘 보살펴주면 됩니다. 하지만 이 문제 행동이 계속된다면, 아이의 인생 내내 영향을 줄 수 있는 만성질환이라면 병원에 데려가야 합니다. 정신건강의학과는 그런 곳입니다. 몸이 아닌 뇌와 마음을 돌보는 곳이죠.

ADHD는 조기 진단과 치료가 정말 중요합니다. 제때 치료하지 않고 방치함으로써 발생하는 2차 부작용들이 너무 많기 때문이죠. 계속되는 부정적 피드백, 인간관계의 어려움, 전두엽이 제대로 기능하지 못해 오는 실패감 등 이런 것들이 쌓이다 보면 우울증, 무기력, 학습부진, 신경증, 강박 등 심각한 2차 부작용이 발생할 가능성이 큰 증후군입니다. 제때 진단을 받고 일찍 치료를 시작한다는 것은 이러한 2차 부작용을 미리 방지하는 것입니다.

악순환의 고리에서 빠져나오는 방법은 단 하나입니다. 바로 부모의 용기죠. 문제를 직시하는 용기, 상황을 수용하는 용기, 자신에게 향하는 화살을 거둘 용기 그리고 정신건강의학과에 대한 편견을 이겨내고 아이의 치료에 뛰어들 용기 말입니다.

ADHD는 성인이 되어서도 관리해야 합니다. ADHD를 갖고 있는 성인들이 가장 힘들어하는 부분이 가족들의 정신과에 대한 편견이라고 합니다. 태어날 때부터 함께한 ADHD는 아이의 한 부분인데 부모가 아이의 한 부분을 인정하지 않는 것입니다.

자신을 있는 그대로 봐주기보다 정신과에 대한 편견으로 자녀의 ADHD를 무시하고 회피한다면 아이는 자신의 모습을 부모에게 인정받지 못한 채 성장하게 됩니다. 반면, 부모가 편견을 이겨내고 용기를 낸다면 어떨까요? 아이를 위해 병원의 높은 문턱을 함께 넘어준 부모 덕분에 아이는 성인이 되어서도 자신을 위해 스스로 병원을 찾게 되고, 자신을 돌보면서 살아갈 수 있습니다.

정신건강의학과 의사들은 말합니다. 병원에 직접 제 발로 찾아온 사람들은 절반은 나은 거나 다름없다고요. 자신을 살리기 위해, 자신을 돌보기 위해 병원의 높은 문턱을 넘은 용기 있는 건강한 성인이니까요.

ADHD는 아쉽게도 성인까지 증상이 지속될 수 있다고 합니다. 성취가 어려운 사회, 젊은 청년들의 우울증도 심각해지고 있죠. 그렇기에 저는 우리 아이가 언제든 마음이 아프고 도움이 필요할 때 병원을 편하게 드나들기 바랍니다. 정기검진을 받듯 편하게 병원을 찾고 건강한 삶을 영위하도록 도와주고 싶습니다.

용기가 생겼다면 만 6세가 ADHD 검사 적기

만 6세를 기점으로 ADHD 진단에 필요한 검사지의 종류도 달라지고, 약물 치료도 시작할 수 있는 나이가 됩니다. 검사 시간이 꽤 걸리기 때문에 6세 이전에는 검사에 적극적으로 참여하는 것이 어려울 수도 있습니다.

약물 치료를 시작하게 된다면 약을 찾는 과정도 필요합니다. 모든 약이 초반에는 부작용이 있기 때문입니다. 약을 찾는 과정을 초등학교 입학 이후에 겪는다면 약효와 부작용을 자세히 관찰하기 어렵습니다. 따라서 조금이라도 아이와 함께하는 시간이 많을 때 이 과정을 함께 하는 것이 좋습니다.

물론 선생님께 약물 치료 사실을 알리고 부작용을 관찰해서 개인적으로 알려달라고 부탁할 수도 있겠죠. 하지만 초등학교 선생님은 한 학급 25~30명의 아이들을 살펴야하기 때문에 우리 아이를 자세히 지켜보기가 어렵습니다. 특히, 이제 갓 유치원을 졸업하고 초등학교에 진학한 1학년을 담당하는 선생님은 하루가 너무 바쁩니다. 그래서 초등학교에서 1학년 담임을 맡는다는 것은 다른 학년보다 어렵다고 합니다.

우리 아이에게 맞는 약과 용량을 초등학교 입학 전에 찾아 미리 적응시키고 진학한다면, 아이도 학교생활에 자신감을 갖고 편안하게 학교생활을 시작할 수 있습니다. 학기 초부터 튀는 행동으로 친구들 앞에서 지적받는 일 없이 '무난한 학생'의 이미지로 시작하는 것이지요. 그러므로 자녀의 ADHD가 의심된다면 만 6세, 초등학교 진학 전에 검사를 받는 것이 좋습니다.

어린아이를 데리고 정신건강의학과를 찾아 진료를 받는다는 것이 얼마나 두려운 일인지 누구보다 잘 압니다. 하지만 용기를 내셔야 합니다. 검사를 받아보고 ADHD가 아니라면 다행이고, 진단을 받게 되어도 조기 치료로 아이에게 적절한 도움을 줄 수 있어 다행일 것입니다.

아이와 함께, 결국 정신건강의학과로

정신건강의학과에 처음 들어서던 순간은 아마 경험이 있는 부모에겐 트라
우마 혹은 지나가 버린 추억으로 남아있을 것입니다. 우리나라에서는 성인들
도 정신건강의학과를 제 발로 찾아가기 힘든 풍토가 있습니다. 요즘은 흔한
우울증으로 병원을 다니는 성인들도 주변 지인들에게 약을 먹고 있다는 이야
기를 하기가 힘들다고 합니다. 정신건강의학과에 다닌다는 선입견과 편견이
두려운 것이죠.

　그런데 아이의 손을 잡고 정신건강의학과를 찾아간 경험은 어땠겠습니
까? 아마 모든 부모에게 낯설고 불편한 경험이었을 것입니다. 어떤 부모가
아이를 낳을 때부터 이 순간을 예상했겠습니까.

　아이의 손을 잡고 걸어 들어간 병원 복도에서 저는 느꼈습니다. 제가 어
떤 모임에 가입했는지 말이죠. 대기실에서 음성 틱을 하던 아이와 옆에서 아
무것도 들리지 않는 것처럼 앉아있는 굳센 엄마의 모습. 우울함의 옷을 잔뜩
겹쳐 입은 듯한 아이와 옆에 잔뜩 마른 엄마의 모습을 보며 여러 생각이 들
었습니다.

'나와 세모는 어떤 모자로 보일까?'

그 당시 심정은 끝없는 지옥불로 걸어 들어가는 기분이었습니다. 그 지옥에서 우리 아이가 뜨겁지 않기를 바라는 마음으로 아이를 등에 업고 맨발로 지옥불을 걷는 심경이었습니다. 우리 아이만은 아무것도 모르길 바랐습니다.

아이와 초진을 마치고 병원을 나와 택시를 타고 오는데, 아이가 기사님께 바르게 인사하고 저와 도란도란 이야기하며 가는 겁니다. '이 녀석, 왜 이렇게 얌전하지?' 이 모습을 보며 우리 아이가 ADHD가 아닐 수도 있겠다는 작은 희망을 품어보았습니다.

매번 이런 식이었습니다. 레고에 푹 빠지거나 재미있는 책을 열심히 들어주는 얌전한 모습을 보면 '이런 애가 무슨 ADHD겠어?', '아직 어리니까 그렇겠지'라고 생각했습니다. 이럴 때마다 마음속에 가라앉은 돌덩이에 다시 희망이 차올라 살짝 떠오르는 느낌이었습니다. 그렇게 며칠을 편하게 지내다가, 또 유치원 선생님께 전화를 받으면 희망은 온데간데없고 돌덩이가 다시 가라앉는 그런 경험을 몇 번이고 반복해왔습니다.

ADHD 아이를 키우는 대부분의 부모는 이런 의심과 부정 그리고 절망과 희망 사이를 몇 번이고 오가며 고뇌의 시간을 보냈을 것입니다. 아이에게 희망을 더 걸어보고 싶은 부모는 검사에 대해 생각조차 하지 못합니다. 그러나 조금 민감한 부모는 자신의 촉을 믿고 용기 있는 결정을 합니다. 덕분에 아이는 자신을 힘들게 하는 것이 무엇인지 조금 더 빨리 마주할 수 있는 것이지요.

우리 아이가 ADHD라고 합니다

검사는 이틀에 걸쳐 이루어졌습니다. 첫날에는 시각 주의력 검사와 아이의 종합적인 지능 및 심리를 검사하는 풀배터리 검사를 했습니다. 이때 저는 유치원생인 세모에게 진료와 검사에 대해 이렇게 말해주었습니다.

"세모의 마음이 얼마나 건강하고 뇌는 얼마나 건강하게 자라고 있나, 키와 몸무게를 재는 것처럼 검사해보는 거야."

초등학교 4학년 이상이라면, 아이에게 조금은 더 솔직하게 말해줄 수 있습니다.

"네가 원하지 않는데도 자꾸 규칙을 어겨서 선생님께 지적받거나 공부하고 싶어도 집중이 잘 안될 때가 있지? 그런 어려움을 도울 방법이 있다고 해서 왜 그런지 알아보려고 검사하는 거야. 의사 선생님께서 도와주실 거야."

세모는 건강검진을 받는 것으로 이해했기 때문에 밝은 얼굴로 2시간 40분의 검사를 잘 마쳤습니다. 둘째 날에는 청각 주의력 검사와 뇌파 검사를 했습니다. 2주 뒤, 의사 선생님께서 여러 가지 그래프를 보여주셨습니다. 세모에게는 그동안 어떻게 지냈는지 다정한 안부를 건네고, 옆에서 장난감을 가지고 놀게 하셨습니다. 그리고 노란 포스트잇에 적어주셨습니다.

'ADHD.'

"세모는 ADHD로 진단할 수 있겠습니다. 초등학교 입학까지 시간이 있으니 약을 먹지 않고 부모님께서 지도하며 기다려 보죠."

어느 정도 머릿속에 그려왔던 일이기 때문인지, 그 순간이 그렇게 당황스럽진 않았습니다. 오히려 약을 먹지 않는다는 말에 안도했습니다. 진단은 어느 정도 예상했지만, 아이에게 정신과 약을 먹이는 것에는 반감이 있었기에 다행이라고 생각했습니다.

이렇게 약물 치료를 시작하지 않고 우리의 양육 방식부터 먼저 수정해 보기로 했습니다. 세모가 스스로 자기의 행동과 생각을 조금 더 조절할 수 있도록 행동 수정에 노력을 쏟았습니다.

7살 세모는 참으로 밝고 시끄러운 아이였습니다. 모르는 사람에게 "왜 머리가 하얀색이에요?", "아줌마는 여자인데 왜 머리가 짧아요?", "너 몇 살이야? 나랑 놀래? 나랑 놀자!"라고 충동적으로 묻고 눈치 없는 행동을 하는 것은 잘 고쳐지지 않았습니다.

사회성이 좋다고 생각하던 때도 있었죠. 그런데 유아기를 벗어나자 이런 행동에 대한 어른들의 반응이 달라졌습니다. 항상 웃으며 인사를 받아주던 분들도 세모의 눈치 없는 사교성에 불편함을 내비치기 시작했습니다. 약물에 의지하지 않고 가정에서 고쳐보겠다고 온갖 자녀교육서를 섭렵했지만, 저의 계획은 초등학교에 입학하고 첫 상담에서 산산조각 나듯 무너져버렸습니다.

3

조기 진단을 막는
편견들

과잉행동이 없는데 ADHD일 수 있을까?

ADHD라고 하면 사람들은 미디어에서 묘사되는 폭력적이고 품행이 불량한 아이들을 상상합니다. 소리를 지르고 교실을 뛰쳐나가는 자극적인 모습이 주요 증상이라고 생각합니다. 이런 편견과 오해들 때문에 자신의 아이가 왜 학교생활이 힘든지, 왜 자신감과 자존감을 잃어가는지 모른 채 제때 도움을 받지 못하고 있습니다.

왜 우리는 ADHD 검사를 망설이는 걸까요? 사람들이 갖고 있는 편견에는 어떤 것들이 있을까요?

과잉행동이 없어도 ADHD일 수 있습니다. ADHD는 나타나는 양상에 따라 크게 세 가지 유형으로 나눌 수 있습니다. 과잉행동이 두드러지는 '과잉행동-충동형', 과잉행동이 없는 '주의력 결핍형' 그리고 이 두 가지가 모두 나타나는 '혼합형'이 있습니다.

과잉행동-충동형은 5살이 되면서 또래와 차이를 보이기 시작합니다. 규칙을 잘 지키지 못하고 교실을 돌아다니거나 위험한 행동을 합니다. 눈에 확연히 띄기 때문에 조기 진단을 받는 경우가 많습니다. 그러나 소위 '조용한 ADHD'라는 주의력 결핍형은 특별히 눈에 띄는 행동이 없습니다. 학습이 본격적으로 시작되는 초등학교 고학년이나 중학교 시기가 되어서 병원을 찾는 경우가 많습니다. 지금은 진단명으로 사용되진 않지만, 예전에는 Hyper-activity(과잉행동)을 뺀 ADD(Attention Deficit Disorder)로 불리던 적도 있습니다.

'조용한 아이가 어떻게 ADHD일 수 있지?'라고 이해하지 못할 수 있습니다.

다음은 미국 정신의학회에서 만든 '조용한 ADHD 체크리스트'입니다. 다음 중 6개 이상 해당될 경우 조용한 ADHD를 의심할 수 있습니다.

① 학습 또는 다른 활동을 할 때 부주의해서 실수를 자주 한다.

② 과제나 놀이를 할 때 지속적으로 집중하는데 어려움이 있다.

③ 자주 말해도 귀 기울여 듣지 않는 것 같다.

④ 학습 또는 다른 활동을 할 때 마무리를 못할 때가 많다.

⑤ 과제나 활동을 체계적으로 하지 못한다.

⑥ 지속적으로 정신을 쏟아야 하는 일을 피하거나 싫어한다.

⑦ 과제나 활동에 필요한 물건을 자주 잃어버린다.

⑧ 외부자극에 쉽게 주의가 흐트러진다.

⑨ 일상적인 활동을 자주 잊어버린다.

위 증상들을 알고 나니 비로소 보였습니다. 학교에서 만나는 우울감과 무기력에 빠져있던 학생들의 모습이 바로 조용한 ADHD일 수 있다는 것을요.

조용히 실패하고 있는 아이들

조용한 ADHD 아이들은 초등학교 때, 그저 '얌전하고 조용하지만 정리를 잘못하고 조금은 산만한' 아이로 묘사될 것입니다. 한 반에 30명의 아이들을 어는 하나가 돌보는 학교 시스템에서 그저 조용하면 눈에 띌 확률이 매우 작기 때문에 학부모에게 전화할 일도 드물 것입니다. 그렇게 아이는 초등학교를 졸업하고 사춘기를 맞이하면서 중학교에 진학합니다.

중학교에 입학한 아이는 왠지 모르게 불안하고 불편해지기 시작합니다. 긴 글을 읽기 힘들고, 많아진 과목 수에 시험기간만 되면 게임이 하고 싶고 핸드폰이 생각납니다. 학교에서는 필기구, 교과서, 프린트물들을 자주 잃어버립니다. 초등학교와 달리 어른의 도움 없이 스스로 해야 할 것이 많아집니다.

친구들은 하나둘 무리를 형성하는데 거기에 왠지 끼지 못합니다. 갑자기 뜬금없는 질문이 머릿속에 떠올라 수업 중에 질문하면 분위기가 항상 어색해짐을 느낍니다. 어느새 아이는 '특이한 아이'의 이미지로 굳어집니다. 그렇게 아이는 성취감보다 실패의 경험이 많아지고, 게임이나 핸드폰의 세상에 자신을 고립시키거나 학습된 무기력에 빠집니다.

어디서부터 자신을 일으켜 세워야 할지 몰라 우울증까지 오고 나서야 병원을 찾게 되고 자신의 우울증이 ADHD 때문인 것을 알게 됩니다.

어른들은 이런 아이들을 보고 사춘기라고 편하게 이야기합니다. 세모의 ADHD를 알게 되고 돌아간 교실은 다르게 보였습니다. 우리가 놓쳐온 '조용한 ADHD' 아이들이 얼마나 많을까요? 교실 한가운데서 수업을 하다 보면 하나씩 눈에 띄기 시작합니다.

수업이 시작하고 3초 만에 초점이 다른 곳을 향하는 아이, 공상에 빠져있는 아이, 프린트물이 어디에 있는지 모르는 아이, 필기구를 안 가져와 멍하게 칠판 모서리만 바라보는 아이까지.

이때 가장 안타까운 것은 본인도 잘하고 싶은 마음이 분명히 있지만, 자꾸 뜻대로 안 되는 이유가 ADHD 때문인 줄 전혀 모르고 있다는 것입니다. 이는 아이의 의지 문제가 아닙니다.

"민규야, 넌 어떤 사람이 되고 싶어?"

"저요? 음…… 끈기 있게 뭔가를 꾸준히 하는 사람?"

"그런 사람이 되기 위해 네가 매일 하는 일이 뭘야?"

"하고 싶은데…… 집중이 안 돼요"

'하고 싶은' 의지는 있지만 '집중이 안 되는 것'입니다. ADHD 때문이지요.

ADHD, 지능과 관련이 있을까요?

ADHD라고 지능과 인지력이 낮다는 것도 편견입니다. ADHD 검사에는 지능 지수를 측정하는 검사도 포함되어 있습니다. ADHD가 특성상 지능에 영향을 줄 수 있을지 모르지만, 지능이 높은 ADHD인을 찾는 것은 어려운 일이 아닙니다. 미국의 마이크로소프트를 창립한 빌 게이츠와 포드자동차를 창립한 헨리 포드 역시 ADHD를 앓았다고 합니다.

세모의 증상을 의심하면서도 병원을 찾지 않았던 때, 이런 편견이 망설임을 부추겼습니다. 세모는 어릴 때부터 숫자를 이른 시기에 읽을 수 있었고, 지금도 수학적 연산 능력이 좋은 편입니다. 한글도 5살부터 읽기 시작했으며 인지적 발달 역시 항상 평균이거나 평균 이상이었습니다. 그래서 세모의 증상을 부정했습니다.

ADHD를 의심하다가도 그 의심을 내려놓을 때가 있습니다. 아이가 레고나 퍼즐, 종이접기나 색칠놀이를 할 때 몇 시간씩 집중하는 모습을 보면 '저게 무슨 ADHD야?' 하고 생각하게 됩니다. 정신과 진단과 약물 치료가 두려워 애써 회피하고 싶을 때, 아이의 이런 모습을 만나면 한 번 더 검사를 미루게 되지요.

ADHD라고 집중력이 없다는 말은 사실이 아닙니다. 본인이 흥미 있어 하는 것에 선택적으로 집중할 뿐입니다. 그러나 주의력이 부족해 쉽게 지루해하고 주의력을 지속하지 못합니다. 집중력이 없다는 말은 주의력과 집중력을 혼동해서 생기는 오해입니다.

집중력은 한 가지 일에 몰두하는 힘을 말합니다. 즉, 좋아하거나 재미있는 일이 있을 때 몰입하는 힘을 의미하죠. 수학 문제를 풀거나 레고와 종이접기와 같이 자신이 좋아하는 것에는 집중해서 몇 시간이고 한 자리에서 그 일을 할 수 있습니다.

반면, 주의력은 어딘가에 관심을 두고 그것에 대한 관심을 지속하는 힘을 의미합니다. 또한, 중요한 일이 생겼을 때 다음 과업으로 주의력을 쉽게 조절하여 전환할 수 있는 힘을 말합니다. 예를 들어, 아이가 레고에 푹 빠져 있으면 집중력이 높은 상태입니다. 그런데 등교 시간이 되어 등교 준비를 해야 할 때, 주의력이 낮은 아이들은 등교라는 다음 과업으로 주의력을 쉽게 전환하지 못합니다. 이런 경우에 주의력이 낮다고 할 수 있는 것입니다.

이처럼 집중력과 주의력은 다른 개념입니다. 즐겁고 흥미로운 일에 집중을 잘한다고 해서 ADHD가 아니라고 오해하지 않아야 합니다. 주의력이 낮은 아이의 문제점을 이해하지 못하면 밥 먹으러 오라고 10번 말해도 안 오고, 양치하라고 10번 소리쳐도 말을 안 듣는 아이를 혼만 내게 될 것입니다.

ADHD는 다양한 양상이 있습니다

세상에 ADHD인이 1만 명 있다면, 그 사람들은 각각의 증상이 모두 미세하게 다릅니다. ADHD 진단을 받았다고 해서 모두 미디어에 나오는 것처럼 반사회적 행동을 보이는 것은 아닙니다.

수잔 정 박사의 저서 《나와 나의 가족이 경험한 ADHD》에서는 ADHD와 함께 나타나는 여러 정신질환에 대해 다루고 있습니다. 어떤 사람은 불안이 또 어떤 사람은 우울, 강박, 자폐, 틱 등의 증상이 함께 나타나기도 합니다. 이런 증상은 선천적으로 ADHD와 함께 갖고 태어날 수도 있지만, ADHD 때문에 나타나는 증상도 있습니다. 세모는 가끔 코를 계속 훌쩍이는 틱 증상을 보이기도 했습니다. 실제로 학교에서도 눈 깜빡임이나 특정 소리의 틱 증상을 보이는 ADHD 학생을 만나기도 합니다.

알지 못하는 것보다 애매하게 아는 것이 문제입니다. ADHD는 생각보다 다양한 양상으로 나타나기에 우리가 전형적으로 생각하는 정신 산만한 아이가 아니어도 ADHD일 수 있습니다.

"여보, 우리 동글이가 ADHD 같은데 검사 한 번 받아볼까?"

아이의 증상을 의심한 엄마가 아빠에게 말합니다. 그럼 아빠들은 이렇게 말할 것입니다.

"애들이 크면서 다 깜빡하기도 하고 수업에 집중 못 할 수도 있지. 나도 어릴 때 그랬어. 크면 다 나아져."

또한, 주변 아이들과 비교하며 애들이 다 정신없고 시끄러울 수 있다며 자녀의 증상을 보고도 그냥 넘어가는 일이 많습니다.

그러나 ADHD인지 판단하는 확실한 방법은 전문의의 진단뿐입니다. ADHD는 스펙트럼의 개념입니다. 경증부터 중증까지 그리고 나타나는 증상도 다양합니다. 저 역시 아이 둘을 키우며 일하다 보니 아이들의 병원 진료를 예약해놓고 깜빡 잊기도 하고, 긴 시간의 연수교육은 집중하기 어렵습니다. 그렇다고 생활이 그렇게 불편하지는 않습니다. 만약 아주 가벼운 증상만 보이는 아이라면 눈에 띄지 않아 진단과 치료 없이도 잘 지내겠죠.

하지만 중증의 증상을 보이는 아이라면 아이는 학교에서 수업 방해로 계속 지적받고 교우관계도 안 좋아 외롭게 학교생활을 할 수도 있습니다. 이 경우에는 조기에 진단을 받고 적절한 치료를 받는 것이 아이를 위해서도 중요할 것입니다.

ADHD는 조기에 진단을 받아 적절한 치료를 받으면 빠르게 증상이 좋아지는 증후군입니다. ADHD는 ADHD 자체보다 적기에 치료를 받지 않았을 때 생기는 우울증, 자존감 결여, 인간관계의 문제, 생활의 어려움 등이 더 큰 문제라고 합니다. 그렇기에 조기 진단과 적기 치료가 중요합니다.

설마 하는 마음과 정신건강의학과에 대한 편견 때문에 조기 진단을 놓치지 마세요. 걱정과 고민을 하며 시간을 흘려보내는 대신 ADHD에 대해 제대로 알아보고 조금이라도 의심이 된다면 아이를 위해 용기를 내시기 바랍니다.

4

중학생, 고등학생도
늦지 않았어요

중학교에서 보이는 ADHD 아이들

중학교에서 아이들을 가르치다 보면 '이 친구는 ADHD 같은데? 약물 치료를 하면 본인도 편안할 텐데 이젠 너무 늦었으려나?'라는 생각이 들 때가 있습니다.

ADHD의 유병률은 대략 5~8% 정도라고 합니다. 그러면 한 반에 1~2명의 아이들이 ADHD일 수 있다는 뜻입니다. 진단을 잘 받지 않는 우리나라의 분위기를 고려하면 그 이상일 가능성도 높지요. 실제로 교실을 보면 부산스럽거나 과잉행동을 보이는 학생들이 3~4명씩은 꼭 보입니다.

세모를 잘 키우기 위해 공부하다 보니 이제 반전문가가 되었습니다. 이것은 꼭 제가 ADHD 아이를 키워서라기보다는 본능적으로 이러한 특성을 가진 아이들을 잘 알아볼 수밖에 없는 교사라는 직업을 가져서이기도 할 것입니다.

교실에서 학생들과 함께한 시간이 10년입니다. 초등학교에서는 수업 시간에 선생님께서 말할 때 끼어들거나 노래를 부른다든지 줄을 서 있을 때 점프를 하는 등 이상 행동이 눈에 잘 띕니다. 그러나 이런 친구들이 제대로 된 진단과 치료를 받지 않고 중학교로 진학하면 양상은 달라집니다.

부모님들은 아마도 '우리 아이가 철들었구나'라고 생각할지도 모릅니다. 과잉행동은 줄어드는 대신 주의집중력 부족의 문제는 점점 커지면서 그냥 공부에 관심 없는 아이 또는 노는 것을 좋아하는 아이처럼 보입니다. 그리고 그 무섭다는 사춘기의 그림자에 가려져 ADHD의 모습은 눈에 띄지 않습니다.

중학교에서 ADHD가 의심되는 친구들을 보면 일단 조용히 개인적으로 해내야 하는 일을 굉장히 힘겨워합니다. 독서를 해야 하는 시간에 멍 때리고 30분이고 앉아있거나, 영어 단어 5개를 외우는 것도 머리를 부여잡고 씨름을 하고 있습니다. 머리가 안 좋아서가 아닙니다. 도저히 머릿속에 들어오지 않는 것입니다.

아마 우리 아이들의 사고 흐름은 이럴 것 같습니다. 교과서 한쪽을 이해하고 싶어도 한 문장을 읽고 다음 문장으로 넘어가면 그전 문장이 기억나지 않습니다. 공부를 잘하고 싶은 마음은 있는데 도무지 안 됩니다. 그러다 재미있는 게임이 떠오르지요. 당장 해야겠죠?

'아 너무 재밌다! 멈추고 공부해야 하는데……아 너무 재밌어!!'

시계를 보면 3시간이 흘러 있습니다. 학원에 못 갑니다. 엄마한테 잔소리 폭격을 맞습니다. 그럼 엄마는 우리 아이가 사춘기가 와서 그렇다며 어찌 보면 편리하고 합리적인 이유를 대며 아이를 이해하려 합니다. 그 과정에서 진단을 받고 적극적인 치료를 받아야 하는 중요한 시기를 또 한 번 놓치게 됩니다.

교사들도 아이를 위해 이야기하는 것입니다

우리 반 금쪽이들은 대부분 부모님과 관계가 아름답지 않습니다. 관계가 안 좋아서 금쪽이가 된 아이들도 있지만, 아이들이 잘하고 싶어도 자기 자신을 어찌지 못해서 부모의 기대에 못 미치는 자신을 자책하며 관계가 악화되는 것입니다. 질풍노도의 시기에 칼바람을 맞으며 홀로 걸어가는 아이들을 많이 봅니다.

그러나 교사가 진단 검사를 권하는 것은 매우 어렵습니다. 종종 부모들은 자신의 아이를 정신병이 있는 아이로 본다고 생각하거나, 우리 아이는 폭력적이고 문제 있는 아이가 아니라고 하면서 언짢은 기분을 내비치기 때문입니다. 이런 식으로 교사에 대한 신뢰를 잃는 일이 자주 일어나다 보니 교사들은 도움을 주고 싶어도 입을 다물게 됩니다. 아마 담임교사가 어려운 말로 또는 아이의 칭찬으로 빙빙 돌려서 진단 검사를 권유하고 있다는 사실을 학부모님들은 눈치 채지 못할 것 같습니다.

담임교사의 빙빙 돌린 말속의 핵심은 '어머님, 동글이가 ADHD 같습니다. 한번 검사를 받아보세요'일지도 모릅니다.

확실히 말씀드릴 수 있는 것은 교사가 단지 힘들어서 검사를 권하는 것이 아니라는 겁니다. 중고등학생이 된 ADHD 아이들은 이미 초등학교 시절부터 너무 외로운 길을 걸어왔을 겁니다. 자기 자신을 모른 채, 교실에서 홀로 짊어진 채, 자신의 마음과 다르게 움직이는 뇌와 씨름하고 있는 모습을 보면 너무 안타깝습니다. 너도 잘할 수 있다고, 너의 의지 문제가 아니라고, 만약 ADHD를 갖고 태어난 아이라면 널 도와줄 수 있는 약도 있다고 알려주고 싶은 마음입니다.

교사들은 부모님께 아이를 미워한다는 오해를 살까 봐 상담할 때 아이의 교실 속 상황들을 사실만 나열합니다. 이런 말들을 들었다면 진단 검사를 한번 받아보면 좋겠습니다. 이 말의 앞뒤에 붙은 칭찬은 제외하고 적어보겠습니다.

"어머님, 동글이가 굉장히 똑똑하지만 목소리도 크고 아직 어리다 보니 다른 친구들의 기분을 잘 읽지 못해서 동글이의 이름이 친구들 사이에서 자주 불리긴 해요."

"어머님, 동글이가 수업 시간에 가끔 불쑥 질문을 많이 해요. 호기심이 많은 친구입니다."

"어머님, 동글이는 뭔가 앉아서 진득하게 하는 것보다 활동적으로 친구들과 노는 것을 더 선호해요."

"규칙을 가끔 어기지만 불러서 이야기하면 잘 알아들어요. 그래도 자주 어겨서 또 이야기해줘야 하지만요. 시간이 지나면 나아질 수 있으니 기다려보겠습니다."

"수업을 들을 때 이해하는 데 힘들어합니다. 글이 길어지면 이해를 더 어려워해요."

"아이가 가정에서 키우기 버거운 아이라면 풀배터리 검사를 한번 받아보세요. 아이의 성향을 알 수 있습니다."

"대화할 때 눈을 자꾸 깜빡이거나 다리를 떨거나 하는데 본인도 조절하기 힘들어하는 것 같아요."

"책상이나 사물함 정돈이 잘 안되고, 해야 할 일을 자주 잊는 편이에요."

물론 편견을 가진 교사도 있습니다. 하지만 ADHD라는 단어에 편견을 가진 부모님을 뵐 때면 더 안타깝습니다. 부모야말로 아이에게 직접적인 도움을 줄 수 있는 보호자이자 아이의 평생을 함께할 이들이기 때문입니다.

교사들은 딱 1년만 아이의 힘든 씨름을 옆에서 응원해주면 그만입니다. 하지만 아이가 한창 배우고 성장해야 할 학창 시절에 자존감을 쌓아야 하는 골든타임을 놓쳐버린 이유가 부모님의 편견 때문이라면 너무 아쉽지 않을까요?

ADHD 증상이 확연히 보이지만 도움을 받지 못하는 아이들은 여전히 교실이 힘듭니다. 우리가 봐야 할 것은 아이들의 '잘하고 싶은 마음'입니다. 이 아이들도 자신을 알고 도움을 받으면 분명 잘할 수 있습니다. 사회에서 자신의 빛을 내며 꿈을 펼칠 나이인 20~30대를 생각해보면, 중고등학교 시절은 자신의 숨겨진 조각을 발견하는 데 전혀 늦은 나이가 아닙니다.

5

조기에 진단받으면
뭐가 좋냐고요?

무섭고 두려웠던 것은 무지했기 때문입니다

ADHD 진단은 마치 "당신과 당신의 아이에게는 이제 암울한 미래만 있을 뿐이다"라는 점괘라도 받은 듯이 부모의 마음을 나락으로 떨어뜨릴 것입니다. 세모가 일곱 살이 되던 봄, ADHD 진단을 받고 시댁에도 친정에도 누구에게도 말을 하지 못했습니다. 우리 아이를 어떻게 바라볼지 두려웠습니다. 또한 제가 두려워했던 것은 나를 불행한 엄마로 또는 아이를 잘못 키운 엄마로 바라볼 누군가의 시선이었습니다.

약물 치료를 시작하면서 약을 평생 먹어야 할지도 모르는데 이렇게 어린 아이에게 약을 먹이면 나중에 더 큰 문제가 생기는 것은 아닌지 걱정까지 떠안게 됩니다. 그래서 부모들은 아이의 긍정적인 면을 샅샅이 뒤져서 '이런 모습을 보이는 아이는 ADHD가 아니야', '아직 약을 먹을 정도는 아니야'라고 합리화를 시작하죠. 처음 진단을 받고는 가까운 친구는 물론 가족에게도 말하지 못하고 혼자서 끙끙 앓기도 합니다.

또 부모의 마음을 더 힘들게 하는 것은 초등학교 저학년밖에 안 된 아이이기에 ADHD가 무엇인지, 왜 약을 먹어야 하는지 정작 당사자에게 설명하지 못한다는 점입니다. 검사와 진단, 약물 치료까지 모든 것이 부모에게 달려있다는 사실에 숨이 막힐 때도 있습니다.

그 담당은 주로 아빠보다 엄마가 하는 경우가 많습니다. 엄마라는 자리는 보통 아이를 키워도 버겁습니다. 모두가 엄마는 처음이기 때문이죠. 그러나 아이가 ADHD 진단을 받으면 그때부터 엄마는 배로 힘들어집니다. 지금 내리는 모든 결정이 아이의 인생에 해가 될까 두렵고 불안합니다.

하지만 "시간이 약이다"라는 진부한 말이 진리였습니다. 1년이 지나고 세모와 저는 ADHD를 객관적으로 바라보고 공존하는 법을 배웠습니다. 분명 시간이 해결해 준 것들이 많았습니다. 매일 책을 붙잡고 저를 위로하던 날들도 절대 헛되지 않았습니다.

처음 진단을 받았을 때, ADHD가 무섭고 두려웠던 이유는 당최 ADHD라는 놈이 뭔지 모르는 것이 가장 컸습니다. "아는 것이 힘이다"라는 말은 책에서만 봤는데, 그 말이 인생의 진리라는 사실을 아이를 키우면서 깨달았습니다.

ADHD 유전자는 원시시대부터 내려온 '사냥꾼 유전자'라고 하기도 합니다. 그 시대에는 ADHD가 환영받던 시대였을 것입니다. 충동적이고 과잉적인 행동은 먹을 것을 구하고 사냥하기에 아주 찰떡인 재능이기 때문입니다. 어느 하나에 집중하기보다 주변을 늘 살피고 적응할 곳을 찾는 것 역시 유능한 점으로 꼽혔을 것입니다

스웨덴의 정신과 전문의 안데르스 한센은 《인스타 브레인》이라는 책에서 이러한 내용을 다루고 있습니다. 주변 환경을 살피고 과민하게 반응하는 ADHD의 특징은 아주 오랜 과거에는 기회를 빠르게 포착하고 위험 요소를 피하게 해주는 장점이었다고 말합니다. 하지만 낮은 주의집중력과 가만히 있지 못하는 과잉행동, 충분히 생각하기 전에 "Go!"를 외치는 충동성은 현대 사회에서는 도태되게 만드는 증상들이 되었습니다. 그런 의미에서 어느 시대를 살아가느냐에 따라 이런 특성은 도움이 필요할 수도 있고 또는 모두가 선망하는 능력이 되기도 합니다.

조기 진단은 악몽이 아닌 선물입니다

처음에는 동료 선생님께 세모를 보여주며 교실에서 보는 ADHD 아이들과 세모가 비슷한 점이 있는지 조심스럽게 물은 적이 있습니다. 선생님들은 "아이가 다 그렇지, 저 정도는 ADHD가 아닐 거야"라고 안심시켜 줄 때도 있었

습니다. 일대일 상황과 단체 생활에서의 아이들 모습은 다를 수 있다는 것을 알면서도 그 말에 온 희망을 걸었습니다.

그때마다 전 'ADHD가 아니라면 난 왜 이렇게 아이를 키우는 것이 버겁고 힘들까?'라며 자책의 늪에 빠지곤 했습니다. 우리 아이에게 ADHD 같은 진단명을 갖다 대는 제 자신을 미워했습니다.

이 시기를 거쳐 세모가 ADHD라는 사실을 알게 되었을 때, 이제 우리 가족에게 행복한 일은 없을 거라고 생각했죠. 하지만 약물 치료를 고작 2년을 넘기고 단언하건대 조기 진단은 우리에게 선물과 같았습니다.

ADHD를 공부하면서 기존에 갖고 있던 편견과 선입견은 점점 옅어졌습니다. 그러면서 분명해지는 것들이 있었습니다. ADHD는 완치하는 것이 아니고 관리하는 것이며 도전 정신, 적응력 같은 장점도 많기 때문에 어려움을 걷어내면 아이의 장점을 최대로 발현시킬 수 있다는 것 등을 말입니다.

무엇보다도 우리를 힘들게 했던 것이 바로 ADHD라는 것을 깨달은 것만으로 자책감을 덜 수 있었습니다. '또래들은 쉽게 잘 해내는 것을 왜 우리 아이는 못 할까?', '아이가 나를 무시하는 건가?', '나의 양육 방식에 문제가 있는 걸까?' 등 저를 향해 있던 화살을 그제야 비로소 거둘 수 있었습니다. 이제 자책하지 않게 되었습니다. 제 자신을 형편없는 엄마로 보지 않게 되었습니다.

또 하나의 선물은 바로 우리 세모가 해내는 일에 '당연한 것'은 없다는 것입니다. 받아쓰기 공책에 100점을 받는 것보다 제가 먼저 보는 것은 세모가 열심히 쓰려고 노력한 'ㄱ'의 가지런함 'ㄹ'의 정성스러움 같은 것입니다. 또래라면 누구나 해내는 글씨 쓰기에서도 제가 보는 것은 '얼마나 잘했는가'가 아닌 '얼마나 노력했는가'입니다.

"준비물이 뭐야?"라고 물었을 때, "음……, 도화지랑 색연필이야"라고 선생님의 말씀을 기억해내는 아이의 노력을 칭찬할 수 있다는 점도 학원에서 얼마나 문제를 잘 풀었는지보다 학교를 마치고 다음 스케줄을 기억해 학원에 제때 갔다는 점에 감동하는 엄마가 되었습니다.

마지막으로 조기 진단 덕분에 항상 버럭 화내는 엄마를 용서해왔던 세모를 이젠 제가 더 많이 용서해줄 수 있다는 것입니다. 오자마자 옷을 벗어 뱅뱅 돌리며 날리는 모습을 보며 이 아이가 내가 알려준 규칙을 무시하려는 것이 아니란 걸 알기에 용서하고 지도할 수 있게 되었습니다. 숙제를 하다 노래를 크게 부르는 것도 숙제를 하기 싫어서가 아니란 걸 알기에 그 노래를 칭찬해 줄 수 있는 후한 엄마가 되었습니다.

자기가 의도하지 않아도 뇌에서 자기 행동을 통제하지 못해 잘못된 행동을 반복하는 것이죠. ADHD 아이에게 특정 과잉행동을 약의 도움 없이 멈춰보라고 하는 것은 간지럼 타는 사람을 계속 간지럽히면서 웃음을 참으라고 하는 것과 같습니다. 뇌의 신경 문제이기 때문에 간지럽히면 웃음이 자동으로 나오는 것처럼 의지로 이겨낼 수 있는 것이 아닙니다.

　이 사실을 알고 나면 우리 아이가 나의 이야기를 잊어버리고 행동하는 것도 용서할 수 있습니다. 부모 말을 무시하는 반항심 가득한 아이가 아닌 도움이 필요한 아이로 볼 수 있는 것입니다.

6

약을 꼭
복용해야 할까요?

담임 선생님의 피드백 때문에 약을 먹여야 하나요?

매년 3월 학부모 상담 주간은 모든 학부모에게 긴장되는 이벤트입니다. 교사로 매년 해왔던 일인데 학부모로서 처음 겪는 그리고 ADHD 진단을 받은 직후라 여느 때보다 더 바짝 긴장했습니다. 선생님께 조심스럽게 세모의 학교생활을 물었습니다. 밝고 씩씩하게 잘 지낸다는 말을 기대했습니다. 그래서 실망이 컸습니다.

아마 아이의 ADHD를 강하게 의심하는 시점은 초등학교 입학 이후일 것 같습니다. 선생님의 잦은 전화 또는 직접적인 검사 권유에 의해 아이를 병원으로 데려가죠. 믿고 싶지 않아도 이미 아이와 함께 병원으로 향할 때 어느 정도 예상하고 있을 것입니다.

검사를 받고 나면 조금 후련해질 줄 알았지만, 더 큰 고민과 마주하게 됩니다.

"약을 먹여야 하나요?"

'식욕 부진에 수면 장애, 두통, 복통까지……이런 약을 어떻게 먹이지?'

'담임 선생님이 너무 예민해서 그런 거 아닐까?'

'선생님 편하라고 약까지 먹여야 하나?'

저 또한 교사이기에 선생님께서 정말 아이를 위해 검사를 권한 것을 알면서도 그 당시엔 모든 것이 버겁고 판단력이 흐려졌습니다. 그저 부작용이 무서워 치료를 미루고 회피하고 싶은 심정이었습니다.

학교 선생님들은 특정 나이대 아이들의 표준화된 행동과 발달의 기준을 너무 잘 알 수밖에 없습니다. 부모들은 자녀 한 명을 키우면서 그 아이의 나이를 한 번만 경험합니다. 물론, 둘째 셋째가 있는 분들은 두세 번 더 경험할 것입니다. 그러나 교사는 같은 나이의 아이들을 10년씩 보기도 합니다. 그러므로 교사들은 아이들의 행동을 한 달 정도 지켜보면 그 아이가 자라온 환경과 기질, 정서적인 특징에 대해 꽤 많이 파악할 수 있습니다.

'저 아이는 주의력과 집중력이 낮구나. 저 아이는 결핍이 많구나. 저 아이는 과잉행동이 좀 심하네' 식으로 말이죠.

동료 교사들과 대화를 나누다 보면 "몇 반, 누구누구"라는 특정 이름이 자주 입에 오를 때가 있습니다. 교사들이 자주 언급하는 아이는 ADHD일 확률이 높지요. 실제로 성인 ADHD를 진단할 때 몇몇 의사들은 학창 시절의 생활기록부를 가져오라고 할 때도 있습니다. 그만큼 ADHD를 진단하는 데 있어 학생에 대한 교사의 의견을 중요한 고려 사항으로 본다는 것입니다. 단체 생활에서 ADHD 아이들은 또래와 다른 모습을 보이기 때문입니다.

약물 치료는 아이를 위한 것입니다

세모는 초등학교 1학년 3월 상담 이후로 메디키넷 5mg를 복용하기 시작했습니다. 3월 상담에서 학교생활에 대한 피드백이 매우 안 좋았기 때문에 내린 결정이었습니다.

선생님께서는 자주 아이를 불러 지적하게 된다고 하셨습니다. 선생님은 아이가 교실이라는 사회에 잘 적응하길 바랍니다. 교실에서 잘 해내는 아이들이 대부분이기 때문에 세모가 수업의 흐름을 끊거나 친구와 관계에서 문제 행동을 나타내면 아이를 자주 부르게 됩니다. 선생님께 아이가 조금 산만할 수 있지만, 아직 1학년이니 기다려달라고 부탁하기도 어려웠습니다. 준비하신 수업을 이어 나가려면 25명의 학생 모두가 협조해야 하는 환경인 것을 교사인 저는 잘 알고 있었습니다.

ADHD 아이들의 마음을 가만히 들여다보면, 우리 아이들은 주의력과 집중력이 부족해서 자신의 마음, 자신의 슬픔, 자신의 억울함까지도 눈치채지 못합니다. 세모도 학교에서 혼이 나도 다음 날이면 담임 선생님이 좋다고 신나서 학교에 갑니다.

안타깝게도 아이들은 자신이 교실에서 어떤 친구로 보이는지 객관화해서 인지하기가 어렵습니다. 그렇지만 선생님과 친구들은 알고 있죠. 학급에서 유독 그 아이의 이름이 자주 불린다는 것을요. 그러다 보면 아이들은 세모와 같이 계속 지적받는 아이의 행동을 눈여겨보고, 그 아이의 잘못된 행동을 이르기도 합니다. 가끔은 터무니없는 일들로 그 아이의 흠을 찾아내는 일도 생깁니다. 불필요한 관심이 집중되는 것입니다.

"선생님! 선생님이 가위랑 풀 먼저 정리하라고 했는데 세모가 색종이를 먼저 정리해요!"

무엇을 먼저 정리하든 사실 크게 중요하지 않다는 것을 알면서도 이릅니다.

"선생님! 세모가 저한테 기분 나쁘게 말해요."

통명스럽게 말하게 만든 원인이 사실 이르는 아이에게 있어도 ADHD 아이의 탓을 합니다.

세모의 하루도 이런 일들의 연속이었습니다. 감사하게도 세모의 담임 선생님께서는 저에게 모두 알려주셨습니다. 비수처럼 꽂히는 아픈 말들이지만 알아야 했습니다. 초등학교 1학년은 학교라는 사회생활의 시작입니다. 세모의 행동이 지금 수정되지 않는다면 다음 해에도 세모는 아주 산만하고 남들에게 피해를 주는 소위 'V.I.P 학생'으로 낙인찍힐 수 있었습니다.

그렇기에 담임 선생님의 피드백을 무시할 수 없습니다. 학부모로서 조금은 가슴 아픈 이야기일지라도 그것은 사실입니다. 사실을 인정하면 아이를 좀 더 빨리 도와줄 수 있지만 부정하면 아이는 남은 학기 동안 계속 이름이 불리는 아이로 낙인찍히는 것입니다.

약물 치료는 선생님과 부모가 편하자고 하는 것이 아닙니다. ADHD는 아이의 학습, 친구 관계, 생활 습관에 전반적으로 부정적인 영향을 끼칩니다. 약물 치료의 부작용은 점점 적응해나가면 됩니다. 그러나 ADHD를 방치함으로써 발생하는 부작용은 무시할 수 없습니다. 아이는 점점 학교생활 전반에서 하나씩 구멍이 나기 시작할 것입니다. 이 구멍이 처음에는 작아서 부모가 애써 품어보며 막아줄 수 있지만, 부모의 품을 떠나기 시작하는 사춘기 그리고 성인이 되면 그 구멍은 막을 수 없을 만큼 커져서 더 이상 스스로도 메우기 어려워집니다.

약물 치료의 부작용과 자립의 실패, 무엇이 더 두려울까요? 부모는 무엇을 어떻게 도와줘야 할까요?

약물 치료, 여전히 두렵다면

"세모야. 의사 선생님께서 이걸 먹으면 키가 쑥쑥 자란대. 그리고 머릿속 뇌도 쑥쑥 자라서 세모가 더 잘 크게 해준대. 아무 맛도 안 날 거야. 맛있는 요거트에 뿌려서 줄게, 매일 아침 요거트 먹으니까 좋겠다!"

세모는 과잉행동을 줄여주고 주의집중력을 높여주는 각성제인 메디키넷을 소량 투약하는 것으로 약물 치료를 시작했습니다. 메디키넷은 아직 알약을 먹지 못하는 아이들이 먹을 수 있는 약입니다. 다른 약은 알약으로 먹어야 효과가 있지만, 메디키넷은 캡슐을 열고 요거트 같은 데에 뿌려서 먹어도 된다고 합니다.

알약 먹는 연습도 시작했습니다. 버블티 빨대를 사서 물과 알약을 한 번에 빨아 먹어 넘기는 연습도 하며 차차 알약 복용도 연습시켰습니다. 알약을 먹을 수 있게 되면 아이는 나중에 메디키넷 말고 다른 약으로 변경해야 할 때 선택지가 많아지는 장점이 있기 때문입니다.

학교에 잘 적응시켜 보겠다고 아이도 엄마도 이렇게까지 노력해야 할 줄 몰랐습니다. 약까지 먹여야 한다니. 약물 적응 기간에는 학원도 쉬게 했습니다. 부작용이 있는지 관찰하기 위해 오후 1시 하교 이후 아이를 지켜봐야 했기 때문입니다.

제가 가르치는 중학교에서도 ADHD인 학생이 약을 안 먹고 온 날, 유독 산만하고 수업을 방해한 적이 있습니다. 어머님께 전화하여 왜 아이가 약을 꾸준하게 먹고 오지 않는지 물었습니다. 어머님께서는 아이가 부작용을 힘들어해서 투약을 멈추고 좀 쉬게 했다고 하셨습니다. 당시 선생님들은 부모님의 결정을 잘 이해하지 못했습니다. 하지만 세모에게 약을 먹이고 나서야 그 마음을 비로소 이해할 수 있었습니다.

메디키넷을 소량 복용하기 시작하고 처음에는 효과도 부작용도 나타나지 않았습니다. 그러나 복용량을 증량한 이후부터 세모는 밥을 거의 먹지 못했고 두통을 호소했습니다. 어떤 날에는 배가 아파서 울기도 했습니다. 복통이 조금 나아지나 싶더니 다음 날부터는 수면 장애가 와서 저녁 9시에 자던 아이가 10시, 11시까지 뒤척이며 잠이 오지 않아 뒹굴며 괴로워하기도 했습니다. 이런 모습을 보니 '내가 무슨 짓을 하는 것일까'라는 생각이 떠나지 않았습니다.

부모님들이 검사를 미루고 약물 치료를 망설이는 이유를 너무나도 잘 압니다. 그러나 약물 치료 없이 우리 가족끼리 잘 해보겠다고 1년간 버티면서 깨달은 점이 있습니다. 약물 치료 없이 아이의 ADHD를 이기기 어렵다는 것을요. 그래서 이제는 약물 치료를 피한다는 선택지를 아예 없애버렸습니다.

만약 약물 치료를 망설이고 있다면, 그 전에 아이의 학교생활이 편안해질 수 있게끔 부모로서 할 수 있는 모든 것을 다 해보시기를 바랍니다. 약물 치료를 시작하면 각종 부작용이 초반 3개월 정도 지속될 수 있습니다. 이때 아이의 부작용만큼 힘든 것이 바로 그 모습을 지켜보는 부모의 불안한 마음입니다. 약을 먹였다가 안 먹였다가 하면 아이와 부모 모두 힘든 시간만 늘어납니다. 그렇기에 약물 치료는 투약에 대한 부모의 불안감을 반드시 뒤로 할 수 있을 때 시작해야 합니다. 주치의를 믿고 약물 치료가 옳은 길이라는 확신이 들 때 시작하기 바랍니다.

약효와 부작용, 끝없는 저울질을 해야 합니다

세모는 감사하게도 부작용이 일주일 정도 있다가 나아졌습니다. 식욕은 여전히 부진합니다. 하지만 이것도 3개월이 지나니 두 숟가락만 먹던 식욕이 반 그릇으로 늘었습니다. 의사 선생님께서도 예후를 보고 10mg로 증량하자고 하셔서 세모는 1학년 기간 동안 메디키넷 10mg를 복용했습니다.

적응 기간을 거치며 아이는 성장했습니다. 약효는 적당히, 어떨 때는 과하게 작용했습니다. 학교에서 가져오는 학습지와 교과서를 보면 글씨도 참 가지런해졌고, 한 학기 동안 한 번도 선생님의 전화를 받지 않았습니다. 친한 친구들도 많아졌고 무엇보다 중요한 것은 아이가 자기 모습에 만족해하는 것을 느꼈습니다.

"엄마. 동글이는 선생님이 계속 불러. 오늘 수업 시작했는데 혼자서 종이접기를 계속하다가 혼났어."

예전에는 이런 눈치조차 없었습니다. 남이 뭘 하든 상관하지 않았습니다. 아니, 그러지 못했습니다. 그런데 이젠 자기가 덜 혼나고 때로는 칭찬도 받는다는 것을 인지하기 시작했습니다. 자존감이 올라간 것을 느낄 수 있었습니다. 결과적으로 약물 치료에 대한 긍정적인 확신이 생겼습니다.

모든 약은 부작용이 있을 수밖에 없습니다. 메디키넷은 약효가 작용하는 시간에 아이가 예민해지고 우울해지기도 했습니다. 약효가 최고치가 되는 즈음에는 한없이 축 처져서 세상에서 가장 우울한 사람처럼 앉아있는 날도 꽤 많았습니다.

그런 모습을 보며 '내가 무슨 짓을 하는 거지?'라는 생각을 여전히 지울 수 없었습니다. 뒤돌아 울게 될 때도 '내가 편하자고 아이한테 약을 먹이면서 울긴 왜 우느냐고' 자신을 갉아먹는 자책 속에 빠졌습니다.

그럼에도 부작용과 약효와의 저울질에서 약효가 더 중요하다고 판단했습니다. 내 마음은 여전히 불편했지만, 아이의 마음은 편해진 부분들이 많았기 때문입니다. 학교생활에 자신감을 보이는 모습, 친구들과 편안하게 대화하는 모습 속에서 말이죠. 약물 치료 이후 2학기 학부모 상담에서는 담임 선생님의 피드백이 나아졌습니다. 수업 시간에 이상한 소리를 내는 일도 없어졌고 친한 친구들도 많이 사귀게 되었다고 하셨습니다.

ADHD 아이들은 A 과업에서 B 과업으로 주의력을 전환하는 '전환 주의력'이 약한 편입니다. 그런데 약을 먹기 시작하고 세모는 자신이 계획한 일을 순차적으로 자신의 주의력을 조절할 수 있었습니다.

약을 먹지 않았을 때 세모의 주의집중력은 이런 모습이었습니다. 수학 숙제를 끝내면 바로 영어 숙제를 해야 하는데 옆에 있는 색종이 접기 책이 눈에 들어옵니다. 그럼, 바로 색종이 접기를 시작합니다. 그렇게 '선택적 집중력'을 발휘하며 열심히 당장 중요하지 않지만 하고 싶은 일에 몰입합니다. 그러다 엄마의 잔소리가 시작되면 "잠깐만! 이것만 접고! 5분만!"을 열심히 외쳐대죠. 해야 할 일, 덜 재밌는 일에 주의력을 전환하는 것을 잘하지 못하는 것입니다.

약을 먹기 시작한 이후로는 수업 종이 울리면 하던 놀이를 멈추고 바로 자리에 앉을 수 있게 되었다고 합니다. 친구에게 장난을 치다가 친구가 "하지 마!"라고 불편함을 내비치면 바로 멈출 때도 더 많아졌습니다. 이런 변화들은 아이가 자신을 스스로 조절하고 통제할 수 있다는 안정감을 줍니다. 관계 맺기도 원만해지면서 자신감과 자존감이 높아집니다. 그렇게 옳은 행동을 체득할 수 있게 됩니다.

약효와 부작용, 그 사이의 끝없는 저울질에서 결국 저는 약효를 택했습니다.

정재석 정신건강의학과 전문의가 〈정신의학신문〉에 쓴 "교사를 위한 ADHD 이야기-공부 알약? ADHD 약물 바로 알기"에서는 약물 치료에 대한 부모의 우려에 대해 다뤘습니다. ADHD 치료약이 장기적으로 안전한지에 대해 많은 사람이 오랫동안 ADHD 치료제를 복용하면 성장하는 뇌의 발달에 좋지 않을 수도 있다는 두려움을 갖고 있다고 합니다. 그러나 기면증 치료를 위해 ADHD 치료제를 40~50년 이상 장기 복용한 사람들의 뇌를 조사해 본 결과 부정적인 변화를 발견할 수 없었다고 합니다.

약물 치료에 대해서는 여러 가지 책이나 연구 결과를 보면 각각의 주장이 다양합니다. 그렇기 때문에 부모의 판단과 확신이 가장 중요합니다. 이때, 불안감에 너무 많은 정보를 자꾸 찾아보지 않기를 바랍니다. 주치의를 믿고 아이의 치료 과정에 집중해도 충분합니다. 불안감에 여기저기 검증되지 않은 인터넷 정보들을 수집하다 정작 아이의 치료 적기를 놓칠 수 있습니다. 가장 중요한 것은 우리 아이에게 지금 그리고 미래에 행복하고 건강한 삶을 제공하는 최선의 방법이 무엇인지 고려하는 것입니다.

증량해, 말아? 약을 바꿔, 말아?

세모의 학원 시간이 4시 이후로 늦춰지는 일들이 생겨서 의사 선생님께 상담을 드렸더니, 이제 알약을 먹을 수 있으니 콘서타로 약을 바꾸자고 하셨습니다. 메디키넷은 약효 지속시간이 6~8시간 정도지만 콘서타는 10~12시간 동안 약효가 지속되는 약입니다. 약효의 피크타임이 두 번 있는 약으로 메디키넷보다 약효가 잔잔하고 은은하게 오래간다고 표현하기도 합니다.

메디키넷을 복용했을 때, 세모는 약효가 떨어지면 약효로 눌려있던 과잉행동이 몰아쳐 올 때가 있었습니다. 그래서 오후 3~4시가 되면 약효의 반동으로 예민함과 짜증을 보였습니다. 그런데 콘서타로 약을 바꾸니 예민함과 짜증은 사라졌고 은은한 약효 덕분인지 약효가 풀린 다음에도 세모의 기분이 요동치지 않았습니다.

다행히도 같은 계열의 약이기 때문인지 부작용은 크게 없었습니다. 그러나 약효가 메디키넷만큼 세진 않아서 오전에 학교에서 좀 더 장난기 많은 아이로 돌아갔으며, 목소리도 크고 시끌시끌한 아이가 되었습니다. 학교 상담에서 선생님의 평이 그리 좋지 않았던 것으로 보아 콘서타는 과잉행동을 세게 잡아주지는 못하는 것 같았습니다.

매달 만나는 주치의 선생님과의 진료가 다가올 때마가 부모들은 또 다른 고민과 마주합니다.

'약을 증량해야 할까? 부작용이 심해지면 어쩌지?'

'증량하지 않으면 어쩌지? 선생님이 또 전화하실 텐데…….'

'약을 바꿔볼까? 잠을 잘 자지 못하는데 수면제 처방을 받아야 하나?'

아직 어린 아이를 위해 이런 결정을 오롯이 부모가 다 해야 하니 너무 버거울 것입니다. 성인인 우리도 우리의 인생을 어쩌지 못할 때가 많은데, 나의 모든 선택이 아이에게 해가 될까 염려해야 하는 그 순간의 결정이 버거울 것입니다.

우리는 이런 힘든 마음이 들 때면 가볍게 털어내야 합니다.

'현대 의학을 믿자. 해결책이 있음에 감사하자. 증량하지 않아서 문제가 있다면 우리가 도와주자. 아이 스스로 조절해야 하는 부분도 있으니 가르쳐 주면 된다.'

그리고 우리 부모들이 약에 대해 여러 고민을 할 때, 반드시 기준이 되어야 하는 것이 있습니다.

'오늘 아이가 행복했는가?'

'오늘 아이가 학교를 즐겁게 다녀왔는가?'

'오늘 아이가 즐거운 하루를 보냈는가?'

아이가 부작용으로 힘들어 할 때, 자신의 결정이 잘못되었다고 자책하지 않길 바랍니다. 우리에게는 우리가 의지할 수 있는 전문의들이 있고, 아이가 부작용으로 힘들어한다면 주치의와 상의하여 항상 대안을 찾을 수 있다는 것을 잊지 말아야 합니다.

마지막으로 ADHD 약은 마법의 약이 아니라는 것을 명심하시기 바랍니다. 아이는 기계가 아닙니다. 모든 약은 사람에 따라 다양하게 반응합니다. '이 약을 먹으면 친구도 많이 사귀고 숙제도 척척해낼 거야'라든지, '선생님께 전화가 왔네, 아무래도 증량해야겠어' 같은 생각으로 치료약을 마치 아이의 단점을 싹 고쳐주는 마법의 약처럼 여겨서는 안 됩니다.

사회성도 학습도 약만 먹으면 다 해결될 거라는 믿음으로 약물 치료를 시작하면 기대가 큰 만큼 실망도 클 수 있습니다. ADHD의 양상이 사람마다 다 미묘하게 다른 것처럼 약효도 사람마다 다르고 약으로 해결되지 않는 부분도 분명히 있습니다. 이러한 부분은 부모의 양육, 상담 등으로 보완해야 합니다.

약물 치료의 부작용은 분명히 있습니다. 그러나 약효도 분명히 있습니다. 부작용과 약효, 그 사이에서 가장 중요하게 생각해야 할 것은 무엇일까요?

'우리 아이가 무슨 약을 얼마만큼 복용해야 가장 편안한 하루를 보낼 수

있을까?'

이것이 우리가 고민의 순간마다 계속해서 던져야 할 질문일 것입니다.

2장

우당탕탕
일상
정리하기

2장

우당탕탕
일상
정리하기

1

일상의 문제를 해결하는 건
오직 습관입니다

등교는 좀 쉬울 수 없을까?

"엄마, 나 오늘 1등으로 갈 거야."

"진짜? 그럼 지금 나가야 할 텐데……? 옷도 안 입었잖아."

"알았어, 봐! 나 옷 다 입었지? 간다! 알라뷰! 빠이!"

"어?! 어……잘 가!"

그런데 세모의 책가방이 그대로 현관에 놓여있습니다. 휴대폰도 그대로

고요. '신발은 신고 갔을까?' 주의력이 도망간 아들의 뇌는 항상 흔적을 남깁

니다. 가끔 이런 황당한 등교 시간을 경험할 때면 저는 급하게 세모의 가방

을 들고 뛰쳐나가야 합니다.

한 번은 세모가 아침약을 먹지 않아서 약과 물통을 들고 학교 앞까지 달려

갔던 적도 있었습니다. '하루 정도는 약을 안 먹어도 괜찮겠지?'라고 생각도

했지만, 세모가 학교에서 지적받을 것을 생각하니 아찔했습니다. 아이가 계속 지적받을 상상을 하면 달려가서라도 약을 주는 게 낫다고 생각했습니다.

충동성, 주의력, 집중력.

참으로 부족하고도 부족한 이 세 가지가 바쁜 아침 시간을 더 미치도록 바쁘게 만듭니다. 아이를 키우는 엄마들은 공감할 것입니다. 아이가 없었을 때, 혼자서 거울을 보며 가뿐히 자신만을 챙기면 되는 여유로웠던 아침 시간이 이젠 돌아오지 않을 추억이 되었다는 것을요.

워킹맘이라면 아침은 그야말로 전쟁 같은 시간이 됩니다. 거기에 ADHD 아이를 키우는 워킹맘이라니……남들보다 새벽에 1시간은 일찍 일어나도 부족할 지경이 됩니다.

워킹맘으로서 모든 가족이 일사불란하게 움직이는 체계적인 아침이 절실했습니다. 하지만 어느 날은 준비물을, 어느 날은 휴대폰을, 또 어느 날은 가방 자체를 잊어버리는 아이는 아침 시간의 큰 변수였습니다.

아침 식사를 하고 약을 먹으면 1시간 정도는 지나야 약효가 시작됩니다. 그러므로 아침 시간에는 약한 주의집중력의 상태로 오롯이 아이 스스로 등교 준비를 해야 합니다. 2학년이 되어서도 어린이집에 가듯이 챙겨줄 수밖에 없었습니다.

등교 루틴을 만들면 실수가 줄어듭니다

여유가 없는 우리의 아침 시간을 좀 더 체계적으로 만들 수는 없는 걸까요? 더 이상 세모를 챙기다가 모든 가족이 아침마다 전전긍긍하며 불안하게 보낼 수는 없습니다. 그래서 세모와 가족들을 위해 아침 습관을 만들기로 했습니다. 바로 '등교 루틴'을 만들어 우리 가족에게 맞는 시스템을 갖추는 것이죠.

첫 번째, 아침에 눈을 뜨면 해야 할 것을 순서대로 쓰게 합니다. 그리고 그 등교 루틴을 집안 곳곳에 붙입니다.

사람은 자신이 직접 정한 순서는 좀 더 집착해서 지키려는 경향이 있습니다. 일의 순서를 종이에 적어 시각화하는 것은 "밥 먹어라, 세수해라, 양치해라"라고 소리로 전달하는 것보다 훨씬 효과가 좋습니다. 이렇게 등교 루틴을 이곳저곳에 붙여놓으면 아이의 부족한 작업 기억력도 보완할 수 있습니다.

두 번째, 책가방은 하루 전에 다 싸서 현관 가운데에 둡니다.

ADHD 아이를 키우는 엄마들은 다른 아이와 비교하며 왜 알림장을 보고 스스로 준비하지 못하는지 못마땅해 합니다. 그럼 아이들이 자신의 물건을 잘 챙기게 하는 방법은 무엇일까요? 기대했던 답은 아니겠지만, 결국 양육자의 도움이 중요합니다.

계속 도와주면 아이가 나아질 수 있을까 걱정되는 분들도 계실 것입니다. 그럼 화를 내고 가르친다고 나아지던가요? 물론 조금은 나아진 점도 있고 개선의 여지를 보이는 아이도 있을 것입니다. 하지만 ADHD 아이들은 화를 내고 혼을 낸다고 해도 잘 기억하고 행동이 고쳐지는 것이 잘 안되는 아이들입니다. 또래보다 느리지만 조금씩 발전해 나갈 뿐이죠. 그래서 그 과정에서 양육자가 조용히 도와주는 것도 하나의 방법이 됩니다. 저 역시도 세모의 가방을 함께 챙겨줍니다. 아이가 스스로 준비하더라도 마지막 확인은 꼭 제가 하는 편입니다.

학교에서 사소한 준비물이라도 하나 빼먹으면 아이들은 당황합니다. 그때 아이들은 친구에게 빌려 쓰기도 하고, 그 과정을 겪으며 준비물을 잘 챙기게 되기도 하지요. 하지만 ADHD 아이들은 교실에서 통제되지 않는 자신과 힘겹게 싸우며 생활을 합니다. 약의 도움을 받더라도 100% 해결되는 것은 아니지요. 이렇게 힘겨운 학교생활에 스트레스를 조금이라도 줄일 수 있다면, 부모가 준비물을 함께 챙겨주는 것은 큰 도움이 될 것입니다.

이렇게 준비한 가방은 현관 가운데에 두는 것을 추천합니다. 그 가방을 넘어가야 학교에 갈 수 있다면 잊지 않고 가방을 챙길 수밖에 없습니다. 그리고 조금 무거워도 가방은 하나로 통일합니다. 학교 가방, 학원 가방 식으로 챙겨야 할 물건이 늘어날수록 아이가 잊고 빼먹을 가능성은 커져만 갈 뿐입니다.

세 번째, 손목시계나 휴대폰에 나가기 5분 전과 나가는 시간에 알람을 설정합니다.

ADHD는 주의력이 약해 A과업에서 B과업으로 주의력을 바로 전환하기 힘들어합니다. 그래서 알람을 설정하였고 주의력을 전환하는 데 큰 도움이 되었습니다. 세모의 경우 5분 전 알람이 울리면 양치를 하고 신발을 신고 가방을 멥니다. 그리고 나가는 시간 알람이 울리면 자동으로 등교를 하는 것이죠.

이렇게 등교 루틴은 알람을 통해 자동화가 되고, 아이는 등교할 때까지 해야 할 일을 잊어버리지 않아 스트레스를 받지 않을 수 있었습니다. 한 가지 팁을 드리자면 알람은 부모님 휴대폰과 블루투스로 연결되는 것이 좋았습니다. 부모가 자신의 휴대폰으로 알람 시간을 조정할 수 있거든요.

네 번째, 지각에 대한 책임을 본인이 지도록 합니다.

이것은 아주 중요한 부분입니다. 늦는 것에 대한 불편한 마음과 조용한 교실에 정적을 깨며 들어서는 느낌을 직접 체감해야 합니다. 제가 담임을 맡은 반에 자주 지각하는 학생이 있었습니다. 잦은 지각이 민망했는지 나중에는 어머님께서 자주 전화를 하셨습니다. 하루는 화장실이 급해서, 하루는 머리가 너무 아파서 등등 아이를 위한다고 핑계를 대주는 전화였습니다. 이런 식으로 아이를 위해 핑계를 대준다거나 차로 데려다주는 비서 역할을 하지 않기를 바랍니다.

중고등학교에 들어가면 특별한 사유가 없는 지각은 출결 성적에 영향을 줍니다. 아직 성적의 중요도가 낮은 초등학교 시절에 본인이 직접 지각에 대한 느낌을 체감하며 극복하는 것이 장래를 위해 좋은 일입니다.

이런 등교 루틴이 자동화되면 아이는 실수를 줄일 수 있습니다. 부모 역시 아침마다 아이 때문에 신경을 곤두세울 일이 없지요. 지금은 세모가 스스로 일어나서 준비하고 등교를 합니다. 가끔 다른 일을 하려고 할 때면 그냥 지켜봅니다. 몇 시라고 알려주기는 하지만, 재촉과 호통은 확실히 줄었습니다.

ADHD 아이와 함께하는 등교 전쟁은 분명 어려운 일입니다. 우리 아이의 부주의함과 느린 처리 속도에 화가 나고 짜증도 나지요. 그럴 때마다 마음을 다스려야 합니다. 아이가 지각을 하더라도 '준비물은 잊었어도 기분 좋게 학교를 갔구나', '오늘은 시계를 보려고 노력했구나, 내일은 더 잘하겠지' 하며 생각합니다. 조금 더딜 뿐이지 성장하지 않는 것이 아닙니다. 분명 아이는 성장하고 있습니다.

왜 우선순위를 모를까요?

"세모야, 학교 가야 해. 이제 멈추고 나와"

"엄마, 5분만! 이것만 끝내고 갈게"

아이의 생활을 가만히 들여다보면, 가끔 자기만의 세계에 빠져있는 것 같습니다. 세모는 지각을 하지 않을 만큼 아슬아슬하게 준비하고 나가는 편입니다. 아침에 일어나면 씻고, 먹고, 입고 등교 준비만 하면 되는데, 그 사이사이에 자꾸 다른 일들이 추가됩니다. 전형적인 ADHD 증상들이 몰아치는 시간이기 때문입니다.

일어나면 첫 번째 등교 루틴인 세수를 해야 하지만, 절대 바로 세수를 하지 않습니다. 동생에게 한번 장난을 걸어보다 잔소리를 듣고 세수를 합니다. 세수를 하고 옷을 주섬주섬 입기 시작하면, 옷을 입다 눈에 띈 장난감 하나를 줍니다. 그 장난감 하나에 시간이 어떻게 흘러가는지 인지하지 못한 채, 놀이에 빠지기 시작합니다.

"와서 밥 먹어."

"아~, 엄마 이거 딱 한 번만 하고!"

겨우 식탁에 앉아 옆에 앉은 동생에게 장난을 걸기 시작합니다. 보다 못한 제가 숟가락을 손에 쥐어주면, 그제야 한 수저를 들기 시작합니다.

우리 아이들의 등교가 어려운 이유는 간단합니다. ADHD 때문이죠.

ADHD 아이들은 공부와 운동처럼 지루하지만 꾸준해야 보상을 얻을 수 있는 활동에 동기부여가 되지 않습니다. 대신, 게임과 놀이 같이 눈에 보이는 즉각적인 보상을 추구하는 모습을 보입니다.

우리 아이들이 자꾸 등교와 같이 해야 할 일보다 눈에 보이는 하고 싶은 일을 우선하는 것도 이와 관련이 있습니다. 주의력과 집중력이 부족한 아이들은 길고 지루한 과정이 필요한 일로 보상과 쾌락을 얻은 경험이 부족하기 때문에 우선순위를 제대로 구분하지 못하는 것입니다.

우리 아이들에게 옷을 입고 등교 준비를 하는 것과 장난감을 가지고 노는 것은 똑같이 중요한 일입니다. 어쩌면 장난감이 아이에겐 더 중요한, 우선순위에서 상위를 차지하고 있을지도 모릅니다.

딴 길로 새는 것

재미있는 것에 과몰입하는 것

우선순위 구분이 어려운 것

이 세 가지 특징은 일맥상통한다고 볼 수 있습니다. 모두 뇌가 하는 일이죠.

'신경다양성(Neuro-diversity)'이라는 말이 있습니다. 모든 사람의 뇌 신경회로는 다르게 태어납니다. 태어날 때부터 결정되는 성별, 인종, 키, 지능, 기질과 같이 뇌 신경회로도 그렇습니다. 저는 다양성의 가치를 얼마나 높이 사는지가 그 나라의 문화적 성숙도를 보여준다고 생각합니다. 다양성의 가치를 중요하게 여긴다는 것은 모든 사람이 존중받는다는 것을 의미합니다.

ADHD가 제 삶에 들어온 순간부터 저는 10% 소수자 클럽에 가입한 것입니다. ADHD 진단율이 대략 10%라고 하니까요. 자폐 스펙트럼, 틱, 선택적 함구증 등 역시 모두 뇌의 신경회로가 다양하기에 부르는 말입니다. 우리는 모두 그렇게 조금씩 다르게 태어났을 뿐입니다. 다양성은 다양한 방식의 배려를 요구합니다. 적절한 배려를 위해서는 각자의 뇌가 어째서 이런 행동을 만드는지 이해하는 것이 선행되어야 합니다.

우리 아이들의 등교가 늦어지는 이유가 우선순위를 제대로 구분하지 못하기 때문이고, 이것이 신경다양성 때문이라면 먼저 왜 아이들의 뇌가 그런 행동을 하는지 이해해야 하는 것이죠. 그리고 적절한 방법으로 도와주면 되는 것입니다.

딴 길로 새지 않도록, 등교 루틴을 적은 종이를 이곳저곳에 붙여줍니다. 재미있는 것에 과몰입하지 않도록, 알람을 이용해 시간을 의식하게 해줍니다. 우선순위를 구분하기 쉽도록, 해야 할 일을 항상 먼저 하도록 체크하는 습관을 가르칩니다.

특별하게 태어난 아이들의 다양성을 인정하고, 그에 맞는 방법을 익히도록 기다려주고 배려하는 일을 우리는 멈추지 말아야 합니다. 다른 아이들이 10번에 익힐 습관을 우리 아이들이 익힐 때까지 100번의 기회를 줘야 하는 것처럼 말이죠. 이것이 다양성의 가치가 아닐까요? 똑같은 기준과 방식을 강요하면서 "넌 왜 쟤처럼 못해!"라고 질책하는 우리는 다양성의 가치를 잊고 있는 것은 아닐까요?

신경다양성을 가진 사람들을 사회가 어떻게 받아들이고 이들이 사회에서 어떻게 긍정적으로 기능하게 할 것인지, 그 시스템을 만들고 인식을 개선하는 일을 성숙한 사회라면 멈추지 말아야 합니다. 신경다양성을 가진 사람들은 우리의 가족이고 우리의 이웃이며, 또 모든 사회구성원이 행복할 권리는 헌법이 보장하는 권리니까요.

2

과잉행동과 충동성, 어떻게 해야 할까요?

부모의 에너지를 쪽쪽 빨아먹는 아이의 과잉행동

세모는 돌잔치에서 뛰어다니느라 사진 찍기가 참 힘들었습니다.

"세모야, 이리 와. 우리 이제 밥 먹어야 해."

대답도 없이 돌아보지도 않고 그저 '내가 가는 곳이 길이요' 하고 달리는 돌쟁이 아기를 보며 사람들 말했죠.

"돌쟁이가 엄청 잘 걷네! 발달이 정말 빨라!"

세모는 누워있을 때부터 다리를 파닥파닥 힘껏 움직이던 아기였습니다. 그 에너지는 아이를 빨리 서게 했고, 빨리 걷게 했습니다. 모두가 발달이 빠르다고 했지만, 사실 아이의 전두엽은 누구보다 더디게 자랐습니다. 감정과 행동을 조절하는 전두엽의 발달이 지연된 아이는 모터가 달린 것처럼 움직임이 과했습니다.

7살 세모가 친구와 함께 하원하던 날, ADHD를 확신했습니다. 집이라는 목적지를 향해 걸어가는 친구와 달리, 세모는 차도와 인도의 경계를 아슬아슬하게 밟고 걸어갔습니다. 그러다 갑자기 산책길로 달려가더니 운동기구를 하나씩 다 해보기 시작합니다. 몸은 7살이지만 행동은 4살, 이러한 과잉행동은 ADHD가 분명했습니다.

과잉행동은 약물 치료와 함께 확실히 나아졌습니다. 약효가 있을 때는 평소에 가지 못했던 도서관, 영화관, 과학관에 갑니다. 주말에 하는 클래스에도 마음 편히 보내기도 합니다. 그러나 문제는 약효가 떨어진 이후의 시간입니다. 부모는 그 시간에 아이와 함께 있으면 ADHD에 압도되는 느낌을 받습니다. 만약 형제가 있다면 더 정신없는 시간이 됩니다. "네모야, 나 잡아 봐라!" 동생을 부르며 갑자기 달리거나, 손에 있는 고무줄을 튕기고 탱탱볼을 던지며 동생을 골리기 시작합니다. 약이 눌러놓았던 과잉행동이 스멀스멀 얼굴을 드러내는 것입니다.

육아를 더 힘겹게 하는 일상생활 속에서의 과잉행동과 충동성, 어떻게 해결하면 좋을까요?

첫 번째는 과잉행동을 멈추고 싶을 때 숫자를 거꾸로 세봅니다.

우리 아이들은 주의력 전환 속도가 늦어 부모와 선생님의 요구 행동을 따라야 한다는 것을 머리로는 알고 있어서도 '바로, 즉시' 행동으로 옮기지 못합니다. 하지만 카운트다운을 하면 아이의 처리 속도는 빨라집니다. 시간제한이 생기면 행동을 멈추거나 다른 행동으로 전환하기 쉽습니다. 이때 중요한 것은 거꾸로 세는 것입니다. 숫자를 거꾸로 세면 0에 대한 긴박감에 자신의 행동을 빠르게 수정하려는 모습을 볼 수 있습니다. 반면, 10까지 세면 아이는 11도 있고 12도 있다는 것을 심리적으로 알기 때문에 주의력 전환이 잘 안 됩니다.

숫자를 계속 세게 되면 아이는 반항심을 보일 때도 분명 있습니다. 이 문제는 아이에게 어떻게 말하느냐로 해결할 수 있습니다. 부정어보다 긍정어로 표현하는 것입니다. "세모야, 10초 안에 안 멈추면 주말에 게임 없어"라고 말하기보다 "세모야, 10초 안에 멈출 수 있지? 미션이야, 엄마가 열 센다!" 이렇게 말하면 아이가 좀 더 재미있게 받아들였습니다.

두 번째는 아이의 위험한 행동을 멈출 때 항상 '쓰리 아웃'을 고수합니다.

예를 들어, 아이가 물건을 발로 차며 돌아다닙니다. 아이에게 엄마는 항상 세 번의 기회만 준다는 것을 인식시켜야 합니다. "세모야, 발로 물건 차지 마. 위험해" 아이들은 절대 한 번에 멈추지 않습니다. "세모야, 발로 또 물건을 찼네? 차지 마. 두 번 얘기했어" 또다시 문제 행동을 하면 "발로 물건 차지 말랬지? 세 번 말했어. 이번에도 안 멈추면 기회는 없어"라고 경고합니다.

그렇다면 쓰리 아웃이 되면 아이에게 어떻게 할까요? 저는 아이에게 보상으로 줬던 스티커를 떼어 버립니다. 자신이 학습이나 칭찬받을 일로 쌓아 온 스티커를 떼는 것으로 아이에게 쓰리 아웃 약속이 매우 중요하다는 것을 기억하게 합니다. 사춘기 아이들은 용돈이 될 수도 있겠죠.

이렇게 좋아하는 것을 가져가는 것은 부정적이라고 하는 자녀교육서도 있습니다. 그러나 ADHD 아이들에게는 단순하고 눈에 보이는 당근과 채찍이 매우 효과적이었습니다. 이런 부정적인 피드백을 통해 세 번 안에 멈춰야 한다는 것을 학습합니다. 이때 아이의 '한 번만 봐줘~' 신공에 넘어가지만 않는다면 일관적인 훈육으로 과잉행동을 멈추도록 가르칠 수 있습니다.

그리고 부정적인 피드백보다 더 중요한 것은 과잉행동을 멈췄을 때 폭풍 칭찬과 고마움을 표현하는 것입니다. "세모야, 저번엔 3번에 멈추지 못했는데 이번에는 2번 만에 멈췄네. 어려운 일인데 발전했네? 고마워, 다음에는 분명 한 번에 멈출 수 있을 거야" 이렇게 잊지 않고 칭찬을 해준다면 아이는 할 수 있다는 자신감을 느끼고 점점 더 잘 조절할 수 있게 됩니다.

아이에게도 치명적인 충동성, 어떻게 도와줘야 할까요?

ADHD 때문에 생명이 위험할 수 있다면 믿을 수 있을까요? 생활이 불편할 뿐이지 생명에는 위협이 되지는 않는다고 생각할지도 모릅니다. 그러나 아이들을 키워보니 ADHD 때문에 생명이 위험할 수도 있다는 것을 자주 경험합니다.

ADHD의 여러 증상 중에서 가장 치명적인 증상은 바로 '충동성'입니다.

충동적인 행동은 때론 '겁이 없다'라는 성격으로 묘사되기도 합니다. 겁이 없는 성격은 새로운 환경이나 일에 도전할 때 분명 장점이 됩니다. 세모는 새로운 학원이나 체험활동을 갈 때 예민하거나 불안해하지 않습니다. 겁 없이 용기 있게 도전하고 바로 적응합니다. 이것은 분명 강점으로 작용할 때가 많습니다.

하지만 우리 아이들의 충동성은 상황을 구분하지 못하는 것이 가장 큰 문제입니다. 위험한 상황인지 아닌지 구분하지 못하고 생각의 필터링 없이 행동으로 바로 옮겨버리죠. 횡단보도의 신호등이 초록색으로 바뀌자마자 뛰쳐나가거나 낯선 사람의 요청에도 의심하지 않고 거리낌 없이 도와줍니다. 높은 곳에 올라가도 불안하기는커녕 오히려 '뛰어내리면 다칠까?', '뛰어내리면 재밌겠다!'라는 생각으로 점프 욕구를 먼저 충족시켜버리죠.

이렇게 언제든 위험과 맞닥뜨릴 수 있는 충동성을 어떻게 도와줘야 할까요?

우선 특정 장소나 위험 요소가 있는 곳에 갈 때는 미리 규칙과 유의할 점을 알려줘야 합니다. 지나 영 박사의 저서 《본질 육아》에서는 'OT의 중요성'을 강조합니다. 아이들에게 어떤 환경에서 어떤 일을 할 것인지 미리 오리엔테이션을 해주는 것입니다. 이는 학교에서도 매우 효과가 있는 방법입니다.

체험학습이나 야외활동을 할 때 사전에 안전교육과 계획표를 알려주는 것과 같습니다. 아이들이 어떤 상황에서 위험할 수 있고 위험한 상황이 발생하면 어떻게 대처해야 하는지를 미리 숙지하기 때문에 우리는 아이들의 안전을 좀 더 보장할 수 있습니다.

이렇게 오리엔테이션을 할 때는 반드시 눈을 보고 안내합니다. 우리 아이들은 집중도가 낮으므로 눈을 마주치고 이야기한 다음 아이에게 한 번 더 본인의 입으로 말해보도록 하는 것이 중요합니다. 한 번에 기억하지 못하더라도 화내지 말고 다시 한 번 친절하게 규칙을 알려줍니다.

그 다음으로 방문할 장소에 있는 규칙이나 안전 표지판 등을 함께 살펴보게 합니다.

글을 읽을 줄 아는 아이는 스스로 읽어보게도 합니다. 이렇게 하면 아이들은 자신이 특정 장소에서 주의해야 하는 점들을 숙지하고 행동을 좀 더 조절할 수 있게 됩니다. 예를 들어, 수영장에 갔다고 해봅시다. 수영장에 가기 전에 수영장에서 일어날 수 있는 위험한 상황들에 대해 OT를 해줍니다. 1시간 전에, 30분 전에 반복해서 알려줍니다.

"세모야. 우리 이제 수영장에 갈 거야. 수영장에 가면 탈의실에서 옷을 갈아입어야 해. 탈의실 바닥이 미끄러울 수 있으니까 절대 뛰어선 안 돼! 뛰다가 넘어지면 바닥이 딱딱해서 뇌를 다칠 수 있어. 그리고 탈의실에는 옷을 벗고 있는 사람들이 있을 거야. 근데 우리 몸은 다 다르게 생겼어, 저번에 머리가 긴 삼촌한테 남자인데 왜 머리가 기냐고 물어봤지? 그렇게 겉모습에 대해 말하는 건 예의가 아니야. 속으로만 생각해야 해. 탈의실 규칙을 두 개 이야기했어. 첫째, 뛰지 않기! 둘째, 다른 사람 몸에 관해 이야기하지 않기! 그럼 세모가 탈의실 규칙 두 가지를 말해볼래?"

이렇게 OT를 해주고 탈의실에서 나오면 또 해야 할 일이 있습니다. 수영장에 들어가기 전에 지켜야 할 규칙과 함께 각종 안내판을 함께 한 번씩 읽어보게 합니다. 아이가 자신의 행동을 준비하고 조심하도록 지속적으로 안내하는 것이 중요합니다.

충동성에는 행동적 충동성 말고도 언어적 충동성도 있습니다. 사회성이 부족한 아이들에게 언어적 충동성은 매우 유의해야 할 점입니다. 언어적 충동성이 있는 아이는 모르는 사람에게도 쉽게 말을 걸고 실례되는 이야기도 거침없이 말합니다.

세모는 낯선 사람들에게 "아줌마는 왜 머리가 짧아요?", "할머니 코는 마녀 같이 생겼어요"와 같은 말실수를 한 적이 있습니다. 다른 사람의 외모에 대한 말은 속으로만 생각하고 입 밖으로 꺼내지 않는 것이 예의라는 것을 알려주니 조금씩 나아지기는 했습니다. 이런 언어적 충동성까지 고려하여 아이에게 지켜야 할 대화법을 알려주면 아이는 분명 충동성을 조절하려고 노력할 것입니다.

아이의 충동성으로 위험한 상황이 생기지 않기 위한 또 다른 방법으로 'Count-Think-Act(CTA) 기법'을 알려드리고 싶습니다. CTA 기법을 통해 평소에 충동적인 행동을 예방하도록 연습할 수 있습니다.

첫 번째로 'Count' 하나, 둘, 셋 숫자를 세고

두 번째로 'Think' 하려는 행동에 대해 생각합니다.

세 번째로 'Act' 그리고 올바른 행동을 하는 것이죠.

세모는 신호등 앞에서 아빠와 건널목을 건널 때마다 이 방법을 연습했습니다. 초록불로 바뀌고 바로 달려나가다 우회전하는 차량에 치일 뻔한 적이 있었기 때문입니다. 차량 운전자가 백번 잘못한 것이지만 모두가 안전운전을 하는 것이 아니기에 조심할 필요가 있습니다.

초록불이 켜지면 'Count' 하나, 둘, 셋 숫자를 세고, 'Think' 건너야 할지 말아야 할지 생각하며 좌우를 살핀 다음, 'Act' 차가 오면 기다리고 차가 없으면 건너는 올바른 행동을 선택한다는 식으로 반복하여 연습을 시켰습니다.

CTA 기법은 분명 효과가 있었고 아이의 충동적인 행동을 줄일 수 있었습니다. 평소 아이의 모습을 살펴보고 충동성으로 인해 발생하는 위험한 상황이 있다면 CTA 기법으로 연습을 시켜보기 바랍니다.

3

ADHD라서 어쩔 수 없는 건데, 이해해주면 안 될까요?

선을 넘는 아이들

우리 아이들은 항상 우리가 정해놓은 선을 넘으려고 도전합니다. 세모의 ADHD를 알기 전에는 세모가 규칙을 어기고 가족과 타인에게 피해를 줄 때 엄하게 가르쳤습니다. 때로는 화를 내기도 했죠. 하지만 진단을 받고 난 이후로는 자신의 의지와 상관없이 규칙을 어기는 상황이라는 것을 알게 되니 아이를 아픈 아이로 보기 시작합니다. 약물 치료를 시작하고 부작용으로 잘 먹지 못하거나 힘들어하는 아이를 보면 죄책감에 안쓰러운 마음마저 생기죠.

아이가 안쓰럽다는 이유로 가르쳐야 할 것을 가르치지 않으면 어떻게 될까요? 저는 내 무덤을 스스로 파는 것이라고 생각합니다. 아이와 불편한 감정을 만들고 싶지 않아서 원칙을 가르치지 않으면, 부작용은 모두 우리 가족에게 돌아올 것이기 때문입니다.

학교에서 학부모 상담을 하면 항상 하시는 말씀이 있습니다.

"우리 아이가 대체 왜 그러는지 이해가 안 돼요."

"안 된다고 하면 난리를 치고 방문을 닫고 들어가 버려요."

사춘기가 되면 이렇듯 부모의 말을 잘 듣지 않습니다. 자아가 강해지기 때문입니다. 자아를 찾는 과정에서 나타나는 자연스러운 행동이죠.

부모의 말을 듣지 않아도 상식적인 원칙의 선을 넘지 않는 아이들이 대부분입니다. 가끔 거짓말을 하고 피씨방을 가거나 엄마에게 거짓말을 하고 학원을 한두 번 빼먹는 정도의 엇나감입니다. 그러나 선을 넘어 법까지 어기는 아이들도 있습니다. 뉴스에 나오는 10대 아이들의 범죄를 보면 알 수 있죠. 술, 담배, 도박에 폭력으로 경찰서로 잡혀가는 아이들도 있죠.

그렇다면 상식적인 원칙의 선을 지키기 위해 어떻게 가르쳐야 할까요? 부모의 말에 힘이 있는 사춘기 이전에 부모가 가정에서 권위를 세우고 가르쳐야 합니다. 훈육은 훈련입니다. 부모가 아이를 독립시키기 전에 마땅히 가르쳐야 할 것을 가르치는 것이죠.

ADHD 아이에게도 옳고 그름을 가르치는 것은 중요합니다. 안쓰러운 마음에 가르치지 않는다면 아이의 조절 능력을 무시하는 것입니다. 우리 아이들도 가르쳐주면 원칙을 습득하고 타인과 잘 어울리며 살아갈 수 있습니다. 다만, 주의집중력 부족으로 규칙을 잘 잊어버리고 충동성 때문에 규칙을 자주 어기는 것뿐입니다. 훈육하고 가르치는 것이 두 배 세 배 어렵지만 아이들을 위해 우리는 반복하여 가르쳐야 합니다.

못 하게 하는 것보다
이랬다저랬다 하는 것이 최악입니다

자녀교육서에서는 일관성을 강조합니다. 부모는 하루에도 몇 번씩 아이의 요구를 들어줄까 말까 고민하지만 훈육의 일관성을 지키는 것이 부모에게도 아이에게도 좋습니다.

세모는 평일에 과제를 다 끝내야 주말에 1시간 게임을 할 수 있는 시간을 갖습니다. 이 약속은 부모와 세모가 함께 동의한 규칙입니다. 그리고 규칙을 정하면, 그 규칙을 훈련하는 과정이 반드시 필요합니다.

세모는 약속한 1시간이 지나면 항상 "5분만", "10분만" 하며 시간을 늘리고 싶어 합니다. 이때 아이를 이해하는 마음으로 혹은 안쓰럽다고 융통성을 보이면 아이와의 관계는 잠시 좋아질지 몰라도 앞으로 분명 실랑이가 계속될 것입니다. 약속된 시간이 지나면 바로 그만두게 해야 합니다.

물론 상황에 따라 다를 수는 있습니다. 10대 아이들의 경우, 친구들과 온라인에서 만나 함께 게임을 하기 때문에 바로 끝내지 못할 수도 있습니다. 그럴 때는 아이와 사전에 약속을 해야 합니다. "이번 라운드만 끝나면 종료하기" 식으로 말이죠. 그리고 약속을 어기면 그다음엔 하루 게임을 허락하지 않는 방식으로 함께 한 약속을 지키도록 훈육해야 합니다.

10대 아이들과 이런 논의를 하려면 부모와의 관계가 우호적이고 신뢰가 바탕에 있어야 가능합니다. 그렇기에 폭풍의 사춘기를 잘 넘기려면 아이가 어릴 때부터 신뢰의 열매를 잘 적립해두어야 합니다. 일관성을 계속해서 보여주면 아이는 '우리 부모님은 한 번 정한 것을 절대 바꾸지 않는다', '조금 더 하게 해달라고 졸라도 소용없다'라는 식으로 규칙에 적응하게 됩니다.

독일 살렘학교의 교장을 역임한 베른하르트 부엡은 《왜 엄하게 가르치지 않는가》에서 일관성의 중요성을 강조합니다. 그리고 일관성 있는 교육을 위한 가장 중요한 조건으로 시간을 이야기하지요.

아이가 규칙을 이해하고 훈련하는데 시간이 부족하면 부모는 아이의 요구를 들어주기 쉽습니다. 영유아기 아이들이 공공장소에서 떼를 쓰면 부모가 급한 마음에 요구를 들어주는 것처럼 말입니다. 이때 그 작은 아이들마저도 일관성이 흔들리는 모습을 보고 '드러누워 떼를 쓰면 내 욕구가 충족되는구나'를 배웁니다.

가치 있는 것을 가르치기 위해서는 시간이 필요합니다. 특히, ADHD 아이들의 경우 부모와 아이가 만든 규칙을 원칙으로 수용하기까지 10번 어쩌면 100번의 징징거림과 떼씀을 무시할 수 있는 인내심과 용기가 필요할 것입니다. 아이들은 단 한 번의 빈틈을 기가 막히게 알아채고 비집어 들어올 것이기 때문입니다.

또한, 통제하는 것만큼 허용하는 것도 분명히 있어야 합니다. 아이들은 이미 단체 생활에서 많은 부분의 통제를 참아내며 지냅니다. 수업 시간에 앉아서 40분의 수업을 듣는 것처럼 당연한 것도 우리 아이들은 견뎌내는 것입니다. 그렇기에 통제만큼 허용도 중요하며, 그래야만 아이들도 부모의 훈육을 받아들일 수 있습니다. 아이를 통제하는 규칙을 적어보고 허용하는 것들역시 비슷하게 있는지 점검해야 합니다.

이때 중요한 것은 엄마, 아빠가 함께해야 한다는 것입니다. 우리는 가끔엄마와 아빠가 허용하는 범위와 통제하는 범위가 다른 것을 목격합니다. 예를 들어, 아이가 잘 시간까지 숙제를 다 마치지 못했습니다. 엄마는 잠이 더중요하다고 생각하고, 아빠는 해야 할 일을 다 끝마치는 습관이 더 중요하다고 생각합니다. 둘이 허용할 부분과 통제할 부분을 합의하지 않은 것이죠.만약 아빠의 의견대로 숙제를 끝내고 잠을 자는 상황이 된다면, 아이는 아빠에게 반감을 품고 엄마는 권위를 잃을 것입니다.

그리고 다음에 또 같은 상황이 발생하면 아이는 누구의 규칙을 지켜야 할지 혼란스러울 것입니다. 무엇보다 아이는 엄마와 아빠의 눈치를 보게 됩니다. 일관성은 한 사람만 지켜서는 안 됩니다. 부모가 함께 통제와 허용의 범위를 정하고 일관성을 보여야 합니다.

훈육은 원래 불편한 거예요

"그래서 그랬구나. 맞아, 그것도 옳아."

아주대학교 조선미 교수는 심리학자 존 가트맨의 "마음은 읽어주되 행동은 통제하라"라는 말을 인용하며, 우리나라에서 '행동을 통제하라'는 제외하고 '마음을 읽어줘라'만 남아있는 것의 문제점에 대해 이야기합니다. 우리는 왜 '행동을 통제하라'는 제외하고 '마음을 읽어줘라'에만 집중하게 된 것일까요?

아이가 잘못된 행동을 할 때, 부모는 아이의 잘못된 행동을 고쳐야 한다는 것을 머리로는 압니다. 그러나 잘못된 행동을 수정할 때, 떼를 쓰거나 자신의 요구를 끝까지 주장하는 아이와의 불편한 감정을 견디는 것이 두렵습니다. 아이를 훈육하는 과정에서 불편한 감정을 느끼는 것입니다. 그래서 그냥 한번 아이의 요구를 들어줍니다. 그럼 그 순간은 편하고 아이도 부모도 그 상황을 모면할 수 있기 때문입니다.

세모의 동생 네모는 어린이집이 끝나면 편의점에서 맛있는 간식을 사먹는 것을 너무 좋아했습니다. 그렇게 한 번, 두 번, 세 번 가다가 습관이 되었습니다. 인간은 모두 이러한 성향이 있습니다. 특정한 행동을 특정 시간과 장소에서 반복하면 그 행동을 습관화하게 됩니다. 마치 모닝커피를 마셔야 일을 시작할 수 있는 어른들의 모습처럼 말이죠.

하원할 때마다 달콤한 간식을 먹는 것이 습관화된 네모에게 "오늘은 안돼!"라고 말하자 울기 시작합니다. 이때 제가 한 번만 눈감아준다면 제 무덤을 파는 일이 되어버립니다. 이런 습관을 끊기 위해서는 단호함과 불편함을 견뎌내야 합니다. 그리고 습관이 고착되기 전에 빠르면 빠를수록 좋습니다.

벌을 주는 것도 효과가 있습니다

많은 자녀교육서에서 "칭찬은 고래도 춤추게 한다"라며 부모는 아이에게 무한한 칭찬을 해줘야 한다고 말합니다. 그러나 ADHD 아이를 칭찬으로만 훈육하기는 정말 어렵습니다.

칭찬으로 아이를 훈육한다는 것은 옳은 행동을 했을 때 칭찬으로 강화를 시켜준다는 것입니다. 그런데 우리 아이들은 옳은 행동보다 잘못된 행동을 더 많이 합니다. 옳은 행동을 기다리다 결국 칭찬은커녕 부모의 잔소리로 끝나기도 하죠.

잘못된 행동을 했을 때는 벌을 주기도 해야 합니다. 여기서 벌은 체벌과 같은 것이 아닙니다. 체벌은 행동 수정보다 부작용이 더 많습니다.

벌의 종류에 대해 엄마와 아빠가 대화를 많이 해봐야 합니다. 세모의 경우 만화를 볼 때 타이머로 1시간을 맞춰놓습니다. 7살 때부터 이 훈련을 했습니다. ADHD 아이들의 경우, 영상물을 오래 시청하면 중독되기 쉽기 때문입니다. 타이머가 울려도 처음에는 절대 스스로 만화를 끄지 못합니다. 그럼 사전에 정한 규칙대로 다음 날에는 만화를 볼 수 없습니다. 이렇게 좋아하는 활동을 못 하게 하는 것도 벌 중 하나입니다.

또 다른 예로 주의력 전환이 잘되지 않는 아이들은 놀이에 푹 빠져 "집에 가자"라고 말해도 절대 한 번에 듣지 않습니다. 아마 그냥 놔두면 해가 지고 어두워질 때까지도 놀 것입니다. 몇 주에 걸쳐 "30분 뒤에 엄마가 집에 가자고 부르면 바로 놀이를 끝내고 갈 수 있어야 한다"라는 규칙을 세모에게 가르쳐야 했습니다. 처음 몇 번은 "5분만", "1분만"이라고 엄마에게 추가 시간을 요구했습니다. 당연히 그럴 것으로 생각했습니다.

중요한 것은 '놀이를 끝내고 집에 가기'라는 행동 수정입니다. 계속 추가 시간을 요구하고 집에 가지 않을 때는 마음을 읽어주되 행동을 수정하도록 노력했습니다.

"계속 이렇게 조르고 약속을 안 지키면 다음에는 밖에서 놀 수 없어. 놀이를 끝내고 가야 할 시간에 집에 돌아가는 연습이 되어야 자유롭게 놀 수 있어."

세모는 다음 날 원하는 바깥 놀이를 하지 못했습니다. 이것도 벌이 될 수 있습니다.

아이들은 아직 옳고 그름에 대한 개념이 충분히 정립되지 않았기 때문에 직관적이고 감정적으로 생각하고 행동합니다. 특히, ADHD 아이들은 어떤 상황에서 자신의 감정과 행동을 어떻게 정리하는지 잘 모릅니다. 그렇다면 아이들에게 옳은 행동이 무엇인지 누가 가르쳐줄 수 있을까요? 가정에서는 부모가, 학교에서는 교사가 그 중요한 역할을 해야 합니다.

교사인 저도 학생들의 행동을 고치기 위해 훈계를 하곤 합니다. 그런데 부모가 되고 나니 알겠습니다. 아이가 지적을 받았다고 하면 엄마도 마음에 돌덩이가 앉듯 무겁다는 것을요. 혼난 것은 아이인데 마치 제가 혼나는 것만 같죠. 이런 마음 때문일까요? 가끔 어떤 부모들은 아이의 잘못을 인정하지 못하고 남의 탓을 합니다.

"선생님이 너무 딱딱해서 그래."

"그날은 육각이가 먼저 시비를 걸어서 동글이가 화가 난 거야."

그런데 아이가 행동을 수정하지 못하고 올바른 행동을 배우지 못한 채 사회에 나간다는 것은 더 두렵습니다. 사회의 법은 차갑습니다. 반면 선생님의 가르침은 따뜻한 것입니다. 선생님은 아이가 바른 행동을 배워 건강한 사회인이 되길 바라기 때문이죠. 학교만큼 좋은 훈련의 장소는 없습니다.

사회에서 성인의 행동을 고치는 것은 어렵습니다. 그땐 우리의 손을 이미 벗어난 후입니다. 부모로서 느끼는 선생님의 표정이 무섭거나, 말투가 단호해서 마음이 좋지 않을 수도 있습니다. 사실, 우리도 알고 있지요. 아이를 칭찬만으로 가르칠 수는 없습니다. 우리도 아이를 웃으면서 혼내지 않습니다. 어쩌면 차가운 사회의 법보다 아이를 교육하고 싶은 교육자의 마음을 바탕으로 한 선생님의 가르침이 성장하는 아이에게 가장 건강하고 부작용이 적은 방법이 아닐까요?

4
중독을
경계하세요

ADHD 아이들은 중독에 빠질 위험이 더 큽니다

세모가 7살 때, 가족 여행으로 갔던 리조트에서 오락실을 경험한 적이 있습니다. 동전을 교환하고 세모가 좋아할 만한 물총 게임을 시켜줬습니다. 세모는 게임이 너무 재미있었는지 깔깔대며 연신 물총을 쏘아댔습니다. 게임이 끝나도 두 번, 세 번 계속 시켜달라고 했죠. 그렇게 30분 넘게 조르고 조르는 모습을 보며 자극적인 게임은 최대한 늦게 시켜야겠다고 다짐했습니다.

멈추지 못하고 계속 게임을 하고 싶어하는 아이의 모습에도 놀랐지만, 게임을 할 때 아이가 전혀 생각하지 않고 자극적으로 번쩍이는 화면에 두 눈이 고정된 채 움직이지도 않는 모습을 보니 이렇게 중독이 되는 거구나 생각했습니다.

ADHD 아이의 뇌는 전두엽 발달이 더딥니다. 전두엽은 특정한 일에 집중하고, 감정도 조절하며, 우선순위를 두고 계획하는 기능을 담당합니다. 전두엽이 잘 발달하지 않아 과잉행동을 보이고 충동적이며 주의집중력이 떨어지는 것입니다.

요즘은 어른도 아이도 스마트폰 중독이 심하다고 합니다. 스마트폰은 절제가 없는 세상입니다. 스마트폰에는 게임, 영상, 사진, SNS까지 온갖 것들이 다 들어있죠. 우리도 사실 스마트폰이 얼마나 아이에게 해로운지 알고 있습니다. 특히, 중독에 취약한 ADHD 아이들에게는 스마트폰을 들려주기가 더 두렵지요.

그렇다고 스마트폰 없이 혼자 공부폰을 쓰면 친구가 중요해지는 10대들은 소외될까 고민이 됩니다. 스마트폰은 언제쯤 사용하게 해주는 것이 좋을까요?

우리 아이들에게 스마트폰은 중독을 유발하는 자극적인 것들을 충분히 조절할 수 있을 때 주시는 것이 좋습니다. 조절 능력을 파악하는 기준은 아이가 우선순위를 제대로 구분할 수 있는지입니다.

중요한 시험 준비를 하거나 친구와의 약속이 있을 때, 스마트폰이나 게임 등을 바로 멈출 수 있다면 아이는 조절 능력이 있는 것입니다. 반면, 스마트폰에 빠져 해야 할 학업에 집중하지 못하거나 다른 건강한 취미 활동을 지루해하기 시작한다면 이미 스마트폰에 중독되었거나 중독될 가능성이 높다는 뜻입니다.

맞벌이 부모의 경우에는 학교를 마치고 학원에 가거나 혼자 알아서 이동해야 하는 아이의 안전이 매우 걱정됩니다. 아이에게 휴대폰을 줄 수밖에 없죠. 이럴 때는 키즈폰을 권합니다. 전화와 문자만 할 수 있고, 위치추적까지 되는 휴대폰입니다. 모든 어플리케이션을 부모가 제어할 수 있어 인터넷마저도 쓰지 못하게 할 수 있습니다. 그리고 부모가 따로 저장하지 않은 전화번호로 오는 문자나 전화는 아이가 받을 수 없도록 제어할 수도 있습니다. 보이스피싱이나 낯선 사람의 연락을 받을 위험을 차단하는 것이죠. 이러한 키즈폰으로 스마트폰 중독을 최대한 지연시키는 것입니다.

사춘기 아이들의 경우, 스마트폰 사용을 가르치고 통제하기 위해서는 부모와의 관계가 가장 중요합니다. 부모와 신뢰 관계를 잘 형성했다면 아이는 부모의 통제가 자신을 위한 것임을 믿고 따릅니다. 하지만 평소에 칭찬도 박하고 아이에 대해 관심도 없던 부모가 스마트폰으로 친구들과 소통하는 것까지 관리한다면 어떨까요? 아이는 당연히 반항할 것입니다.

스마트폰을 건전하게 사용하도록 지도하고 안내하고 싶다면 기억하세요. 아이가 말을 듣게 하려면 먼저 아이의 말을 들어줘야 한다는 것을요. 아이와의 신뢰의 열매를 잘 적립하세요. 사춘기 때 아주 유용하게 쓰일 것입니다.

스마트폰을 아이의 손에 쥐여줄 날이 온다면

초등학교 고학년이 되면 참고 참던 아이가 조르기 시작합니다.

"엄마! 나만 게임 못해! 나도 스마트폰 사줘! 게임 하고 싶어!"

이때 아이와의 관계가 좋아야 설득이 가능합니다. 사랑을 바탕으로 한 부모의 권위가 필요한 것입니다. 중학생의 경우 생각보다 스마트폰이 없는 학생들도 많습니다. 자신의 꿈을 위해 공부를 하려고 스스로 부모와 의논하여 자신을 통제하기로 결정한 것이죠.

아이에게 스마트폰을 사주게 되는 날은 언젠가 옵니다. 그 시기는 각 가정의 분위기나 상황에 따라 다르겠지요. 하지만 아이에게 스마트폰을 사주게 된다면 반드시 조심해야 할 것들을 가르쳐야 합니다.

스마트폰이 뭐가 위험하냐고요? 요즘 10대를 대상으로 한 각종 범죄는 스마트폰을 통해 일어납니다. 우리 가족이 아무리 안전한 지역에 살아도 저 바다 건너의 범죄자를 만날 수 있는 세상이 바로 스마트폰 세상입니다. 그러므로 부모는 아이에게 스마트폰을 그저 건네줘서는 안됩니다. 다음 사항을 반드시 알려줘야 합니다.

첫 번째, 소셜미디어(SNS)에서 절대 낯선 사람과 대화하지 않도록 합니다.

예를 들어, 아이가 채팅창에서 낯선 사람과 대화를 합니다. 그 사람은 친절하게 친구가 되자고 접근합니다. 그러나 우리 아이들을 낯선 사람에 대한 호기심을 잘 느끼기도 하고, 충동성 때문에 이야기를 나눠도 되는 사람인지 아닌지 충분히 분별하지 못합니다. 낯선 사람은 재미있게 대화를 하다 갑자기 링크 하나를 보냅니다. 그 링크는 스마트폰을 해킹하는 링크였고 아이가 저장해놓은 사진과 신상이 전송됩니다. 아이의 개인적인 사진이나 영상을 가지고 아이와 부모를 협박하고 돈을 요구합니다. 이밖에도 다양한 수법의 범죄에 순수한 아이들이 희생되고 있습니다.

두 번째, 유튜브나 숏폼 콘텐츠들을 멀리하도록 합니다.

유튜브 알고리즘은 어쩔 때 보면 참 무섭습니다. 관심 있는 영상을 하나 보면 바로 다음에 볼만한 영상을 추천합니다. 그렇게 알고리즘을 타고 가다 보면 몇 시간이 흐르는지도 모릅니다. 이렇게 중독이 시작됩니다. 특히, 요즘은 숏폼 콘텐츠가 인기입니다. 어른들도 숏폼 콘텐츠에 중독되어 짧고 빠르게 즐거움을 느끼는 것에 익숙합니다. 사람들의 집중력은 점점 짧아지고 심지어 책과 영화도 유튜브에서 요약된 영상으로 해결하려 합니다.

아이들이 이러한 유튜브와 숏폼 콘텐츠에 중독된다면, 오랜 시간과 노력이 필요한 학업에 영향을 미칠 수밖에 없습니다. 유튜브와 숏폼 콘텐츠는 반드시 부모의 통제 범위 안에서 사용하도록 가르쳐야 합니다.

세 번째, 온라인 도박을 조심시켜야 합니다.

아이들이 도박을 한다는 것이 믿기 어려울 것입니다. 그러나 10대의 도박은 이미 심각한 수준입니다. 도박이 중독성이 강하다는 것은 모두가 아는 상식입니다. 불법 도박 사이트는 10대들도 쉽게 접근이 가능합니다. 어른의 생년월일만 알면 도박 사이트 가입이 가능합니다.

온라인 도박의 내용도 아주 황당합니다. 사다리 게임, 달팽이 레이스 게임 같은 단순하고 빠른 결과로 도박에 빠져들게 합니다. 이렇게 도박에 빠진 아이들은 점점 돈을 잃고 불법 아르바이트와 같은 나쁜 방식으로 돈을 구하는 상황까지 갑니다. 범죄로 이어질 가능성이 커지는 것이지요.

아이들에게 스마트폰을 준다는 것은 앞으로 부모와 아이 간에 스마트폰으로 인한 트러블이 시작된다는 것을 의미합니다. 아이를 설득하고 합의가 가능하다면 최대한 그 시기를 늦추는 것이 좋습니다. 그리고 언젠가 스마트폰을 주는 날이 온다면 아이가 올바르게 사용하도록 알려주고 절제하며 사용하고 있는지 관리해야 합니다. 특히, 조절 능력이 약한 ADHD 아이들에게는 더 심사숙고하여 스마트폰 사용 시기를 결정하는 것이 좋습니다.

게임, 중독되지 않으려면 어떻게 해야 할까요?

요즘 아이들은 7살 무렵부터 게임을 접하기도 합니다. 게임이 나쁜 것만은 아닙니다. 적당한 게임은 힘든 일상에 휴식을 주기도 하죠. 하지만 게임은 중독성이 강한 만큼 우리 아이들은 최대한 시작 시기를 늦추는 편이 좋습니다.

일단 현란한 그래픽과 음향 효과, 가상 세계에서 느끼는 쾌감은 아주 짜릿하게 도파민을 분비시킬 것입니다. 이럴 경우 시각주의력을 더 약화시킬 수도 있습니다. 무엇보다 게임의 쾌감에 익숙해지면 주의집중력을 요구하는 활동을 더욱 지루하다고 느끼게 될 수 있습니다. 지루함을 견디고 끈기 있게 일을 완성하는 것이 어려운 ADHD 아이들에게 전혀 좋을 수 없습니다.

게임에 중독되지 않으려면 어떻게 해야 할까요?

첫 번째, 게임 역시 조절할 수 있는 능력이 갖춰졌을 때 시작하도록 합니다.

조절 능력은 부모와의 약속 그리고 일관성 있는 통제를 통해 습득할 수 있습니다. 처음에는 "10분만"을 외치며 추가 시간을 요구할 것입니다. 이런 식으로 부모와 약속한 시간을 지키지 않으면, 다음 번에 게임을 하지 못하게 합니다. 일관성을 갖고 규칙을 유지하면 아이도 게임 시간을 본인이 통제하며 지킬 수 있습니다.

두 번째, 아이가 아직 초등학생이라면 TV와 연결해서 하는 게임이 휴대폰 게임보다 낫습니다.

휴대폰 게임은 휴대폰이 항상 아이의 손에 있다 보니 유혹을 뿌리치기 어렵고 중독에 빠지기 쉽습니다. 결국 휴대폰 게임을 중간에 끊지 못해서 해야 할 일들을 미루게 됩니다.

세 번째, 매일 10분씩 하는 것보다 주말에 1시간 하는 것이 게임 중독을 예방하는데 좋습니다.

세모는 평일에 게임을 허용하지 않고 있습니다. 보통 매일 해야 할 과제를 마치면 보상으로 게임을 시켜주는 경우가 많습니다. 그러면 아이들은 과제를 마치고 게임을 할 생각에 과제에 집중하지도 못하고 내가 모르는 것이 무엇인지도 생각할 겨를이 없습니다. 자신의 학습을 계획하고 관리하고 평가하는 메타인지를 기를 수 없는 것입니다.

네 번째, 게임보다 즐거운 것들이 많다는 것도 알아야 합니다.

가족과 함께하는 보드게임, 친구와 함께하는 운동 등 자신이 게임만큼 좋아하는 다른 활동들도 충분히 할 수 있도록 부모가 함께 시간을 보내야 합니다. 그럼 사춘기 시기에 게임만 하는 친구들 말고도 취미활동으로 연결된 친구를 만날 수도 있습니다.

마지막으로 부모가 아이가 하는 게임을 함께 하는 것입니다.

잘하지 못해도 괜찮습니다. 아이가 부모보다 잘하는 것이 있다는 마음은 뭔가 우쭐하면서도 기분 좋은 감정일 것입니다. 부모에게 자신이 아는 것을 알려주면서 부모를 친구처럼 느끼기도 할 것입니다.

또한, 아이가 하는 게임이 너무 폭력적이거나 낯선 사람과 대화를 해야 하는 게임인지 확인할 수도 있어 좋습니다. 간혹 아이들은 게임에서 심한 욕설과 불건전한 농담을 배워옵니다. 특히, ADHD 아이들은 언어적 충동성도 있기 때문에 나쁜 말을 배우면 계속 머릿속에 그 표현과 단어들이 생각납니다. 학교에서 사용하면 심할 경우 언어 폭력에 해당될 수 있으므로 부모가 함께 게임을 해보면서 어떤 게임인지 살펴보고 지도하길 권하고 싶습니다.

아이는 언젠가 스스로 세상을 탐험하게 됩니다. 그런데 세상엔 위험한 것들이 참 많습니다. 그때를 대비해 부모는 위험한 것들에 대해 미리 알려주고, 어떻게 조심해야 하는지 열심히 가르칩니다. 엘리베이터 문에 기대지 않는 것, 횡단보도를 건널 때 양옆을 살펴보는 것과 같이 부모는 위험을 미리 경고하고 조심하도록 끊임없이 가르칩니다.

중독도 마찬가지입니다. 세상에 중독될 수 있는 것들이 많습니다. 스마트폰, 게임, 도박, 술, 담배 등 여러 가지가 있죠. 최근 우리나라에서도 문제로 떠오르는 마약 중독도 굉장히 무섭습니다. ADHD 아이의 뇌는 중독에 취약합니다. ADHD 아이를 키우는 부모라면 중독이 얼마나 우리의 삶을 파괴할 수 있는지에 대해 아이에게 부단히 경고해야 합니다.

중독은 스펙트럼의 개념입니다. 어쩌면 우리 모두 경증의 중독을 몇 가지씩 갖고 있을지도 모릅니다. 하지만 조절 능력이 약한 우리 아이들의 경우 경증의 중독이 우리도 모르는 사이에 중증의 중독으로 발전할 수 있습니다.

중독의 위험성을 항상 경계하고 중독의 위험성에 대해 아이에게 가르치는 것은 바로 우리 부모의 몫입니다.

5

아이와의 일상 속에서
약물 부작용과 마주하기

식욕 부진이 있다면, 하루에 먹는 총량을 보세요

아마 약물 치료를 시작한 지 얼마 안 된 부모는 매일 아침 약을 건네면서도 '이게 맞을까?', '약을 먹고 더 나빠지면 어쩌지?', '내가 아이의 인생을 망쳐 버리는 거 아니야?' 같은 온갖 나쁜 상상을 떠올릴 것입니다.

세모의 경우는 약물을 복용한 지 2년이 되어갑니다. 첫 몇 달은 배도 아파하고 갑자기 기분이 이상하다고 눈물을 뚝뚝 흘리기도 했습니다. 그럴 때마다 아이를 안아주며 "괜찮아, 세모야. 금방 나아질 거야. 엄마가 약속해"라고 말해주었습니다. 마치 저한테 말하듯 희망을 가지려 무던히 애썼습니다. 3개월 정도의 적응기가 지나고 아이의 부작용도 점점 사라졌고, 약효 덕분에 아이와 가족의 생활은 한결 편안해졌습니다.

약물 치료를 시작했다면 아이의 약물 부작용과도 마주하게 될 것입니다. 대표적인 부작용으로는 식욕이 늘거나 줄기도 하는 식욕 이상과 잠에 들기 어려워하는 수면 장애가 있습니다. 그러나 약물 부작용은 같은 약을 복용하더라도 사람마다 다르게 나타날 수 있습니다. 따라서 모든 약물은 전문의의 진료와 상담을 통해 바른 용법으로 복용해야 합니다.

세모의 경우는 약효가 작용하는 시간에 식욕이 사라집니다. 메디키넷과 콘서타는 같은 계열의 약으로 대표적인 부작용으로 식욕 부진이 있습니다. 처음에는 맛있는 것을 챙겨주면 먹겠지라고 생각하며 아이가 좋아하는 스파게티도 만들어주고 불고기도 만들어줬습니다. 하지만 정말 음식을 무슨 물건 보듯 쳐다봅니다. 허기마저 느껴지지 않는다고 합니다.

이 약을 복용하는 어른의 말을 빌리자면 음식이 고무 씹는 맛이라고 했습니다. 식욕 부진인 아이를 보며 저도 같이 굶기도 했습니다. 그러다 너무 배고프면 아이가 볼까 몰래 숨어서 식사를 하기도 했습니다.

아직 아이의 약물 치료에 대해 담임 선생님께 말씀드리기 전이었습니다. 선생님께서 아이가 밥을 두 숟가락만 먹는다고 걱정하며 전화를 하셨습니다. 마음이 아팠습니다. 급식시간은 학생들이 가장 기대하는 즐거운 시간입니다. 친한 친구와 도란도란 얘기하며 "오늘 급식이 맛있다, 뭐는 맛이 없다"라고 이야기하며 보내는 시간이죠. 세모는 그 시간이 약효의 피크타임이었습니다. 음식을 봐도 식욕이 없어 즐겁지 않습니다. 친구들이 맛있게 먹는 동안 기다려야 했습니다.

그러나 다행히도 일정 기간이 지나자 식욕 부진은 점점 나아졌습니다. 물론 약을 복용하기 전만큼 식욕이 좋은 것은 아닙니다. 지금은 원래 양의 3분의 2 정도까지 먹습니다.

식욕이 잘 돌지 않는 부작용을 어떻게 다루면 좋을까요?

먼저 아이에게 영양을 챙기는 것도 숙제 같은 것이라고 알려줍니다. 점심시간에 식욕이 없어도 절반은 꼭 먹자고 이야기합니다. 그러면 아이는 조금이라도 먹기 시작합니다.

그 다음은 아이가 하루 동안 먹는 총량을 챙겨보는 것입니다. 약효가 풀리는 오후나 저녁이 되면 아이는 사라졌던 식욕이 다시 돌아옵니다. 이때 눌려있던 충동성이 함께 폭발하며 식욕이 아닌 무시무시한 허기로 돌아오지요. 자기 직전까지 엄청난 허기는 지속됩니다. 그래서 아이가 잠들기 2시간 전까지는 원하는 만큼 먹도록 해줍니다.

약효로 식욕이 떨어졌던 아이는 오후와 저녁에 몰아서 먹기 때문에 낮에 조금 덜 먹더라도 하루의 섭취 총량은 크게 차이나지 않습니다. 다만, 늦은 저녁에도 음식을 먹기 때문에 소화에 무리가 되는 라면이나 달콤한 간식들은 피해야 합니다. 그리고 잠들기 전 2시간은 음식 금지 시간으로 정했습니다.

"세모야. 지금 배고픈 것은 거짓 배고픔이야. 배가 너무 고프면 물을 조금씩 마셔보자."

잠들기 직전까지 음식을 먹으면 수면을 방해할 수 있기 때문에 이러한 습관을 들이도록 도와줘야 합니다. 자칫 아이의 허기를 채워줘야 한다는 생각으로 아이에게 야식을 주면 잘못된 습관이 자리 잡을 수도 있습니다.

아이가 몰려오는 식욕을 조절하는 법을 배우는 것은 중요합니다. ADHD 약은 성인이 되어도 꾸준히 복용하며 관리하는 경우가 많습니다. 장기 복용의 가능성이 있기 때문에 아이가 몰려오는 충동적인 허기를 인지하고 관리하는 법을 습관으로 익히도록 해주는 것이 매우 중요합니다.

수면 장애, 깨어있는 시간을 잘 써야 합니다

세모는 각성제의 영향으로 밤 11~12시까지 잠을 잘 자지 못하곤 합니다. "엄마, 잠이 안 와, 자꾸 생각이 떠올라." 약효가 사라지는 밤이 오면 눌러져 있던 생각들이 Off에서 On으로 스위치가 바뀌듯이 터져 나오는 것입니다. 여러 가지 생각들이 자꾸 머릿속을 채우는 아이는 편안히 잠에 들지 못하죠. 처음에는 아이에게 빨리 자라고 짜증을 내기도 했습니다.

수면 장애의 부작용이 우리를 힘들게 하는 이유는 부모의 혼자만의 시간이 사라지기 때문입니다. 워킹맘의 경우, 다음 날 또 새벽같이 일어나 출근 준비와 등교 준비를 해야 하기에 아이가 밤 늦게까지 깨어있다는 것은 참으로 힘든 일입니다.

우리는 이 부작용을 빠르게 현실로 직시하고 긍정적인 마음을 가지려고 노력해야 합니다. 잠에 초점을 맞추지 말고 깨어있는 시간을 어떻게 활용할까를 생각해보면 좋습니다.

형제자매가 있는 아이의 경우, 이 시간은 부모를 독점할 수 있는 자신만의 시간이 될 수도 있습니다. 아이에게 읽어주지 못했던 책을 읽어줄 수도 있고, 아이와 친한 친구는 누군지, 학교생활에서 어려운 일은 없는지 마음을 읽어주는 상담 시간이 될 수도 있습니다.

"세모야, 학교에서 요즘 어때? 재밌는 일 있어?"

긍정적인 것들을 물어보는 것이 좋습니다. 학교에 대한 좋은 점들을 기억하게 해줍니다.

"엄마, 우리반에서 내가 종이접기를 제일 잘해. 쉬는 시간마다 애들이 접어달라고 찾아와. 나 너무 인기가 많아서 어쩌지?"

학교에서 적응하지 못할까 봐, 선생님께 지적받아서 친구들에게 미움을 받을까 봐 걱정이 가득했던 제 마음도 잠자리 대화를 통해 위로받을 수 있습니다.

"세모는 학교에서 힘든 일 없어?"

"음……딱히 없어."

"세모가 친구들에게 친절한가 보다. 친구랑 잘 지내고 있나 보네. 엄마는 너무 감사하다. 엄마가 생각해도 세모는 정말 좋은 친구일 것 같아."

이렇게 긍정적인 친구라고 믿어주고 엄마가 인정해주면 아이의 자존감은 올라갑니다. 학교에서 또 그 친절함이라는 가치를 다시 실행에 옮겨보며 좋은 친구가 되기 위해 노력할 수 있습니다.

마지막으로 힘든 일이 있을 땐 언제는 엄마와 아빠가 있다는 마음의 방패를 씌워줍니다.

"세모야. 힘든 일이 생기면 잊지 말고 엄마랑 아빠한테 말해야 해. 엄마는 널 도와주는 사람이야. 알지?"

이렇게 깨어있는 시간에 무엇을 할지 생각해 보세요. 아이와 긴 하루의 마무리가 좀 더 따뜻해질 것입니다. 그리고 우리의 마음도 잠자기에 집착하지 않음으로써 한결 편안해질 것입니다.

우울감이 몰려오는 시간, 그저 기다립니다

"엄마, 곱셈이 너무 느리게 돼."

"세모야, 우는 거야?"

"응. 자꾸 속상하고 눈물이 나."

오전 8시쯤 약을 복용하고 나면 약의 종류의 따라 약효가 가장 강한 시간이 있습니다. 세모의 경우 오후 1~2시쯤이 피크타임입니다. 그 시간에는 사소하게라도 속상한 일이 생기면 왈칵 눈물을 흘립니다.

그리고 한 번 더 우울감이 세모에게 몰아치는 시간이 옵니다. 바로 약효가 사라지는 시간이지요. 오후 5~6시쯤 보통 친구들과 축구를 하다가 들어오는 시간에 공이 마음대로 되지 않거나 경기가 잘 풀리지 않으면 속상해서 눈물을 흘립니다. 이때가 가장 난감합니다. 갑자기 울어버리는 세모의 모습에 친구들이 당황하기 때문이죠.

아이에게 우울한 그림자가 드리울 때는 기다려줘야 합니다. 아이의 기분이 다운되고 눈물이 나는 것에 감정이입을 하지 않는 것이 좋습니다. 약이 뇌에 작용해서 생기는 현상으로 봐야 합니다.

아이에게 "왜 우는 거야?", "자꾸 울면 친구들이 안 놀아줘", "뭐 그런 걸로 울어"라며 비난하지 않습니다. 또한, "엄마가 어떻게 해줄까?", "많이 속상하지?"라며 과하게 아이의 기분을 받아주지 않습니다. 비난과 수용 모두 아이가 우울감을 떨쳐내는 데 자극이 될 뿐입니다.

아이가 약 때문에 과하게 신경질적이거나 우울해서 눈물이 날 때는 기다려 줍니다. 약효가 사라져서 뇌가 반응하는 현상이 지나가길 기다립니다. 아이가 정말 우울한 것이 아니라 우울한 기분이 현상으로 나오는 것뿐입니다.

"세모야, 기분이 안 좋구나. 조금 시간이 지나면 괜찮아질 거야. 울어도 돼. 다 울고나면 알려줘. 기다려 줄게"라고 이야기해줍니다. 우울감은 1~2분이 지나면 시간과 함께 사라집니다. 아이도 그 기다리는 시간을 인지하고 나면 우울감이 찾아올 때, 당황하지 않습니다.

약물 치료를 시작하면 종종 고비가 찾아옵니다. 부작용이 심할 때, 체중이 늘어 약을 증량할 때, 약을 바꿔야 할 때, 계속해서 아이를 관찰하고 고민하고 오롯이 혼자서 결정을 내려야 하는 그런 시간이 찾아올 것입니다. 어떨 때는 머리가 아프면 두통약을 주고 무릎이 까지면 연고를 발라주듯이 간단한 일이면 좋겠다는 생각을 합니다.

아이를 위해 내가 내리는 결정이 해가 될지 득이 될지 불안감에 휩싸이기도 합니다. 그럴 때는 조금 더 현대 의학과 주치의 선생님을 믿어보세요. 내 안에서 불안감이 생겨날 때, 질문에 대한 답을 해줄 수 있는 사람은 늘 세모의 주치의 선생님이었습니다. "전문의와 상담하세요"라는 말이 괜히 있는 것이 아닙니다. 수많은 환자를 경험한 전문의를 믿고 아이의 약물 치료를 그저 묵묵히 담담하게 함께 하셔야 합니다.

6

ADHD와 싸우는 일상 속, 우리의 목표

우당탕탕 엄마의 일상, 초점탐색 질문을 하세요.

학교에서 학부모님들과 상담하다 보면 아무래도 중학생이다 보니 아이의 성적과 진학에 대한 걱정이 한가득입니다.

"선생님. 우리 아이 어쩌죠? 이렇게 공부를 안해서 어떻게 살려고 이럴까요? 정말 걱정이에요."

그런데 생각해보면 공부를 잘해서 좋은 대학을 졸업하고 좋은 직장을 가졌다고 세상의 풍파에서 비켜나는 것은 아닙니다. 공부를 못해서 대학을 못 갔다고 그 사람은 사회에서 가치가 없을까요? 그렇지도 않습니다.

저는 세모가 공부를 잘하는 똑똑한 사람보다 자신의 모습을 있는 그대로 사랑하고 자신의 행복을 찾을 줄 아는 사람이 되기를 바랍니다. 우리는 종종 무서운 사고와 안타까운 이별을 목격합니다. 사랑하는 사람들과 슬픈 이별을 하는 모습을 지켜볼 때마다 생각합니다. '우리 아이에게도 예기치 않은 세상의 풍파가 몰아칠 수도 있겠구나, 우리 아이가 그럴 때 다시 일어나 자신을 추스르며 앞으로 나아갈 수 있을까?'

ADHD를 가진 성인들이 30살이 넘어서 정신과를 찾는 이유를 들어보면, 아무리 노력해도 계획하고 실행하는 것이 잘되지 않기 때문이라고 합니다. 그 원인을 찾고 다시 일어나 자신의 삶을 계속 헤쳐나가기 위해 병원을 찾는 것이죠.

그러므로 우리는 아이들을 키우면서 중심을 잡아야 합니다. 우리의 양육 목표는 무엇일까요? 삶을 포기하지 않고 실패해도 계속 다시 일어날 수 있는 아이로 어떻게 키워야 할까요? 우리는 끊임없이 고민해야 합니다.

ADHD 아이와 좌충우돌하는 일상 속에서 부모가 해야 할 일은 참 많은 것 같습니다. 등교 루틴도 만들어줘야 하고, 일관적인 훈육도 잘 해내야 하며, 각종 중독으로부터 아이를 지켜내야 합니다. 어떻게 이걸 다 해줄 수 있을까? 생각만 해도 마음이 무겁습니다.

부모도 자신의 인생에서 가장 바쁜 30~40대의 시기를 보내고 있습니다. 집에서는 병원과 상담센터를 오가며 학원 스케줄까지 챙겨야 하는 바쁜 일상을 보내고, 직장에서는 책임을 다 하기 위해 이리 뛰고 저리 뛰는 일상을 보내고 있습니다.

평범한 아이를 키우는 것도 일하는 부모에게는 버거운 일인데, ADHD 아이를 키우는 것은 배로 힘에 부칩니다. 우리는 아이를 키우면서 정신없는 일상에 휩쓸리듯이 살아갑니다. 이렇게 무겁고 수많은 의무감이 우리를 짓누를 때는 내가 오늘 아이를 위해 해야 할 단 한 가지만 생각합니다.

게리 켈러와 제이 파파산의 저서 《원씽》에서는 미래의 크기를 바꾸기 위해 초점탐색 질문을 해야 한다고 합니다.

"당신이 할 수 있는 단 하나의 일, 그것을 함으로써 다른 모든 일들을 쉽게 혹은 필요 없게 만들 바로 그 일은 무엇인가?"

저는 세모가 수많은 실패를 경험할지라도 다시 일어날 수 있는 회복탄력성이 크고 자존감이 높은 사람이 되기를 간절히 소망합니다. 그래서 저의 초점탐색 질문은 이렇습니다. 휘몰아치는 일상 속에서도 '나는 오늘 아이의 회복탄력성과 자존감을 높이기 위해 해야 할 단 하나의 일은 무엇일까?' 매일 질문합니다. 그 단 하나의 일을 해내면 오늘 아이가 등교할 때 물건을 잊어도, 게임을 한 시간 더 했어도 우리는 목표를 향해 길을 잃지 않고 나아갈 수 있습니다.

그렇다면 우리의 목표인 아이의 회복탄력성과 자존감을 높이기 위해 매일 해야 할 것은 무엇일까요?

회복탄력성은 ADHD 아이에게 더욱 중요합니다

"세모야, 오늘 선생님께 연락이 왔어. 선생님께서 왜 그런 말을 했어? 반성문 써서 가져가야지?"

"응, 엄마. 오늘 내가 잘못해서 반성문 써야 해."

"뭘 잘못했는지 쓰고 다음부터 그러면 안 돼. 선생님께 많이 혼났어?"

"응. 근데 내가 잘못했어. 다음엔 조심할 수 있어."

담임 선생님께서 문자로 아이가 잘못한 일에 관해 이야기해 주셨습니다. ADHD 아이는 충동적이고 산만한 행동으로 지적을 받는 일이 많습니다. 자신은 학교에서 중요하지 않은 사람이라고 여길 수도 있고, 나는 왜 계속 조심하지 못해서 혼만 날까? 자책할 수도 있습니다.

다행히도 세모는 회복탄력성이 좋은 아이입니다. 선생님께 혼나도 금방 잊어버리고 씩씩하고 즐겁게 학교에 다녔습니다. 아마도 ADHD 아이의 낮은 작업기억력 때문인 것 같습니다. 특정한 일을 오래 기억하지 못하는 것이 이렇게 장점일 때도 있습니다.

ADHD를 가진 사람들의 글을 온라인에서 읽을 때면 우울감이 느껴질 때가 많습니다. 잦은 실수와 계속되는 실패, 관계 맺기의 어려움으로 우울증이 오는 사람도 있습니다. 우울증으로 병원을 찾았다가 ADHD를 알게 되는 경우도 있지요.

ADHD 아이를 키운다면 우리는 아이의 회복탄력성에 집중해야 합니다. 유아교육을 전공한 지니 킴 박사의 책 《회복탄력성의 힘》에서 "회복탄력성을 가진 사람은 자신이 직면한 난관을 피하지 않고, 자신이 처한 환경을 비관하거나 원망하는 대신, 그 안에서 긍정적인 요소를 찾고, 건강한 방법으로 난관을 바라보며 헤쳐나간다"고 말합니다.

우리 아이들의 경우, 자신의 의지와 다르게 원하지 않는 난관을 만나게 됩니다. 열심히 하고 싶어도 하기 싫은 마음이 몰아치고, 목표를 세워도 계획을 실행하지 못할 때가 많습니다. 친구와 잘 지내고 싶어도 어떻게 관계를 맺고 지속하는지 참 어려워합니다.

그렇기 때문에 저는 세모가 회복탄력성이 큰 사람이길 바랍니다. 자신의 ADHD를 원망하는 대신 힘든 상황에서도 긍정적인 것에 집중하고 건강한 방법으로 문제를 해결해 나갈 수 있길 간절히 바랍니다. 그렇다면 아이의 회복탄력성을 길러주기 위해 부모로서 매일 해야 할 일은 무엇일까요?

첫 번째, 실패도 충분히 경험하게 하는 것입니다.

요즘 학부모들은 해가 지날수록 아이들을 과보호한다는 생각이 듭니다. 저도 부모이기에 그 마음에 어디서 기인한 것인지 잘 압니다. 소중한 아이에게 좋은 일만 있기를 바라고, 마음이 다치는 일이 없기를 바라는 부모의 마음이지요.

한 번은 학교에서 친구와 싸우고 사이가 서먹해진 아이의 어머님이 저에게 전화를 하신 적이 있습니다. 친구가 옷을 빌려 갔는데 저에게 대신 옷을 돌려달라고 전해달라는 것이었죠.

"어머님, 동글이가 직접 말해도 되지 않을까요?"

"아뇨, 선생님. 아이가 어색해서 말을 못 하겠대요."

아이는 용기를 내서 친구에게 사과하지도 못했고, 불편한 관계를 다루는 방법도 배우지 못했습니다. 차라리 부모님께서 용기를 내보라고, 친구도 네가 말을 걸어주길 기다리고 있을지 모른다고 코칭을 해줬으면 어땠을까요? 아이는 그 과정에서 불편한 관계의 갈등을 해결하는 방법을 배우지 않았을까요?

아이들은 자라면서 학업의 실패, 관계 맺기의 실패를 경험하게 됩니다. 요즘 아이들은 관계 맺기에 있어 실패를 어떻게 해결하는지, 어떻게 회복하는지 배울 기회가 없습니다. 부모님의 보호막은 아이가 자라면서 점점 얇아져야 합니다. 세상에서 아이를 지키고자 할수록 아이는 세상에 대한 면역력이 떨어집니다.

실패를 충분히 경험하게 해야 합니다. 돌부리에 넘어져도 털고 일어날 방법을 알려줘야 한다면, 일단 넘어져야 합니다. 넘어져야 다음에는 어떻게 일어나야 하는지 배웁니다. 계속 뒤에서 잡아주면 부모가 아이와 함께하지 못하는 날이 올 때, 아이는 다시 일어나는 법을 모를 것입니다.

두 번째, "어떻게 해"라고 걱정하기보다 "그래서 어떻게 해야 할까?"라는 질문을 던지도록 합니다.

"엄마, 두 자리 곱하기로 넘어가니까 너무 계산 속도가 느려져. 어떻게 해"라고 말하는 세모는 종종 예민해져서 울곤 합니다. 우리 아이들은 자신의 감정을 잘 다루지 못합니다. 감정을 조절하는 전두엽의 발달이 상대적으로 느리기 때문에 아이는 어떤 일이 잘되지 않을 때 쉽게 좌절하고 울기도 합니다. 무언가 자기 뜻대로 되지 않을 때마다 감정을 추스르지 못하면 부모는 당황스럽죠.

당황스러운 부모는 불안을 높이는 말을 하기도 합니다.

"어머, 세모야 잘 안돼? 어떻게 하니?"

아이와 함께 종종거리며 걱정하지요. 그러나 아이는 실수로부터 배우고 다시 도전하면서 비로소 성장합니다. 그런데 어떤 부모들은 아이들의 실수를 실패로 바라보기도 하죠. 하지만 회복탄력성을 키워주는 부모는 걱정을 하는 대신 "어떻게 하면 좋을까?"라는 질문을 던집니다.

"어떻게 하면 좋을까?", "어떻게 하는 것이 너에게 더 좋을까?"는 걱정과 불안을 회복으로 전환하는 말입니다. 해결책을 찾도록 응원하는 말이죠.

연산 문제가 어려웠던 세모는 "그래서 어떻게 하면 좋을까?"라는 질문에 생각합니다. 어떻게 해야 할지 방법을 찾습니다.

"엄마, 처음이니까 다시 천천히 해볼게."

그날 세모는 두 자리 곱하기 과제를 끝까지 마쳤습니다.

"세모야, 아까는 속상했는데 포기하지 않고 결국 해냈네. 이건 정말 대단한 거야. 꼭 기억해. 포기하지 않으면 성공할 수 있어, 알겠지?"

좌절감을 느끼거나 어려운 과제를 마주할 때는 응원의 질문을 해주세요. 스프링 같은 회복탄력성을 갖고 있다면, 기분이 바닥을 치는 하루에도 아이는 다시 벌떡 일어날 수 있을 것입니다.

세 번째, 긍정적인 면을 놓치지 않기 위해 매사에 감사하는 자세를 가르칩니다.

지니 킴 박사는 《회복탄력성의 힘》에서 "감사함은 배울 수 있는 능력이고, 연습을 통해서 키워나갈 수 있는 능력이며, 대화를 통해 더 깊이 인지하고 확장될 수 있는 능력"이라고 이야기합니다.

감사함을 가르치기 위해서는 부모가 먼저 감사하는 자세를 보여줘야 합니다. 아이의 존재에 감사하고, ADHD가 있어도 나의 아이가 건강한 신체로 자신이 원하는 것들을 즐기는 모습에 감사해야 합니다. 그리고 반드시 그 감사를 아이에게 표현합니다.

아이도 역시 부모가 소소한 행복에도 감사하는 모습을 보며, 감사하는 법을 배우고 연습하게 됩니다. 학교에서 지적받고 혼나는 일상에서도 엄마가 해주는 맛있는 저녁밥에 감사할 수 있는 아이가 됩니다. 친구들로부터 소외되어도 돌아가서 힘든 마음을 털어놓을 수 있는 가족들에게 감사할 줄 아는 아이가 됩니다. 그렇게 힘든 상황에서도 긍정적인 것들을 발견하는 눈을 가질 수 있게 됩니다.

회복탄력성의 필수 요소, 자존감

우리 아이들은 충동성과 과잉행동으로 학교에서 자주 지적받고, 가정에서도 부모와 부딪히는 일이 많습니다. 주의집중력이 부족해 열심히 하지만 성취하는 경험은 적습니다. 자기 자신의 행동과 감정을 잘 조절하고 통제하지 못하니 자기 스스로를 썩 맘에 들어 하지 않지요.

게다가 10대가 되면 가장 중요한 친구 관계에서도 어려움을 겪습니다. 타인의 미묘한 감정 변화를 세심하게 알아채지 못하기 때문에 소위 티카티카가 잘 맞는 친구가 되기 어렵습니다. 건강한 인간관계의 경험이 부족해지면서 아이들의 자존감은 또 떨어지기 쉽습니다. 자존감이 낮아지면 새로운 관계를 맺는 것에 자신이 없어지고, 친구가 전부인 사춘기에 혼자가 되어 우울해지기도 합니다. 악순환이 계속되는 것이죠. 그렇다면 자존감 높은 아이로 자라도록 우리가 매일 해야 할 일은 무엇일까요?

첫 번째, 아이가 자기 자신을 있는 그대로 사랑하도록 해줍니다.

정신건강의학과 전문의 윤홍균 선생님의 저서 《자존감 수업》에서는 가장 가까운 친구는 바로 나라고 이야기합니다. 자기 자신을 사랑한다는 것은 마치 마음이 잘 통하는 친구와 함께 있는 것과 같다고 말이죠. 그래서 자존감이 높은 사람은 외로움이 찾아와도 크게 동요하지 않고, 혼자 여행을 가도 마치 친구와 여행을 온 듯이 즐거운 시간을 보낼 수 있습니다.

중학생 아이들의 최대 고민은 공부보다 친구인 경우가 많습니다. 그 시기에는 또래가 너무 중요하죠. 부모의 그늘에서 벗어나 독립적으로 친구를 사귀었다 헤어졌다 하는 과정을 겪습니다. ADHD 아이의 경우 인간관계가 참 어렵습니다. 충동적인 언행으로 친구에게 상처를 주기도 하고, 친구와의 대화가 항상 겉돌아 관계가 오래 지속되지 못하는 경우도 많습니다.

이때 자존감이 높은 친구들은 '혼자여도 괜찮아'라는 자세로 생활합니다. 혼자 급식을 먹어도 편안합니다. 쉬는 시간에 혼자 책을 읽고 공부를 하며 자신만의 방식으로 학교생활을 보내는 친구들이 있습니다. 다른 친구들도 그 친구의 스타일을 존중하죠.

반면, 자존감이 낮은 아이들은 외로움을 타인에게서 채우려고 합니다. 친구를 원합니다. 계속 자신이 부족하다는 생각에 자책하기 쉽고, 자신과 맞지 않는 친구에게도 잘 보이려고 하거나 억지로 친구가 되는 안타까운 상황도 생깁니다. 외로움에 건전하지 못한 이성관계에 빠지기도 하죠.

아이에게 항상 말해주세요. 너는 있는 그대로, 너의 모습 그대로 소중하다고요. 이 세상에서 가장 중요한 것은 친구도 가족도 아닌 자기 자신이 1번이어야 한다고요. 매일같이 말해주면 아이는 배우게 됩니다. '친구가 없는 나도, 거절당한 나도, 조금 부족한 나도 있는 그대로 소중하다'라는 확신을 가지게 됩니다.

두 번째, 아이에게 다양성의 가치를 가르쳐줍니다.

세모가 어느 날 묻습니다.

"엄마, 난 키가 너무 작은데 영원히 이 키면 어쩌지?"

"세모야, 세상에는 다양한 사람들이 있어. 너처럼 키가 작은 사람도 있고, 다리가 불편한 사람, 앞이 보이지 않는 사람도 있어. 그런데 모두 다 소중한 생명이야."

"아, 그러네. 세상에는 다리가 불편한 사람도 있지. 그런데 괜찮아. 우린 다 다를 뿐이야. 모두 다 소중해."

세모는 자신이 조금 다르다는 사실에도 자신이 특별하고 소중하다는 것을 알고 있습니다. 바로 세상의 모든 사람들이 틀린 게 아니라 다르게 태어난다는 것을 알기 때문이죠.

《자존감 수업》에서 우리는 '나는 남들과 다르다', '남들과 다른 것은 나쁘다'라는 두 개의 편견에 사로잡히면 삼단논법에 의해 '나는 남들보다 나쁘다'라는 결론에 이른다고 말합니다.

여기서 생각을 바꿔봅시다. '나는 남들과 다르다' 그리고 '남들과 다른 것은 나를 특별히 귀하게 만든다'라는 생각으로 바꾸면 삼단논법에 의해 '나는 특별하게 귀하다'라는 결론에 이르게 됩니다.

아이들이 게임에서 말하는 레어템이라는 말을 아시나요? 너무 특별하고 희귀해서 구하기 힘든 아이템을 부르는 말입니다. 레어템처럼 우리는 모두 다르고 똑같은 사람은 이 우주에서 절대 찾을 수 없기에 다 귀합니다.

이런 다양성이 만드는 특별함을 귀하게 여기도록 가르쳐야 합니다. 그럼 자기 자신을 있는 그대로 더 사랑할 수 있기 때문입니다.

마지막으로, 아이의 자존감 향상을 위해 매일 작은 성공의 경험을 느끼게 해줍니다.

매일 작은 성공의 경험을 주는 아주 쉬운 방법이 있습니다. 바로 집안일입니다. 집안일을 하게 한다는 것은 가족에게 기여하는 마음을 느끼게 합니다. 자신이 쓸모 있는 사람이라는 마음, 가족이라는 작은 사회에 기여하고 있다는 마음이 들게 합니다.

빨래 개기, 저녁 시간에 수저 놓기, 무거운 것 들어주기, 세탁기 돌리기까지 시킬 수 있는 것은 참 많습니다. 난이도도 높지 않지요. 이렇게 자기 자신이 쓸모 있다는 뿌듯함을 느끼게 해주셔야 합니다. 그리고 그때 아이의 자존감을 한껏 올려주는 말 "도와줘서 정말 고마워"를 덧붙여준다면 아이의 자존감은 높아져만 갈 것입니다.

3장

학교가
더 이상
두렵지 않도록

3장

학교가
더 이상
두렵지 않도록

1

엄마로서 내가 얻은 것, 콜 포비아

교사도 전화는 어렵답니다

"여보세요?"

"안녕하세요? 세모 어머님 되시죠?"

"네, 선생님. 안녕하세요? 무슨 일이실까요?"

"네, 어머님. 오늘 세모가요…."

선생님께서는 세모가 잘못한 일들을 나열하셨습니다.

"네, 선생님. 정말 죄송합니다. 세모가 대체 왜 그럴까요? 집에서 엄하게 얘기해도 잘 안 되네요. 가정에서 더 지도하겠습니다."

ADHD 아이를 키운다면 익숙한 통화 내용이겠지요? 어느 순간부터 아이를 학교에 보내놓고도 마음이 두근두근 대는 긴장의 연속이었습니다. 남들은 아이가 드디어 초등학생이 되었다며 해방감을 느끼던데 해방감은커녕 두려움만 커졌습니다.

수화기 너머로 들려오는 아이의 적나라한 사생활은 알고 싶지 않을 정도로 들을 때마다 마음이 아팠습니다. 예상했던 모습인데도 계속 이런 전화를 받게 되는 것은 아닐까 두려워졌습니다.

전화 통화가 끝나면 아이를 불렀습니다.

"세모! 너 이리 와 봐!"

부모가 아는 자녀의 모습과 학교에서의 모습은 다른 경우가 많습니다. 학부모님과 상담하다 보면 학교에서의 자녀 모습을 잘 모르시는 분들이 많다는 생각을 했습니다. 집이라는 곳은 태어날 때부터 함께한 가족이 있습니다. 자기를 위안할 수 있는 자기만의 물건들이 있는 편안한 환경이지요. 반면 학교는 각자의 문화가 있는 가정에서 자란 아이들 30명이 한 교실에 모입니다. 게다가 타고난 기질도 모두 다릅니다.

가정에서 성실하고 착한 아이라고 생각해도 학교에서 아이들과 만나 집단에 섞이면 또 다른 모습을 보입니다. 반대로 가정에서 부모에게 짜증도 많이 내고 차분하지 못한 아이들이 학교에서는 누구보다 예의 바르고 모범적인 모습을 보이기도 합니다. 그만큼 학교에서 보이는 아이의 사생활을 부모가 면밀하게 알기란 어렵습니다.

가정과 학교에서의 모습이 이렇게 다르다 보니 담임 경력이 많으신 선배 선생님들은 말합니다.

"학생이 문제 행동을 보이면 부모님께 바로바로 전화해야 해. 나중에 큰일 터지고 전화하면, 왜 진작에 전화 안 했냐고 하시는 부모들도 있어. 부모님께는 미리미리 알려드리는 게 좋아."

저 역시 그렇게 학생들이 문제 행동을 보일 때는 어머님들께 전화를 드리곤 했습니다.

"어머님. 안녕하세요? 오각이 담임입니다. 다름이 아니라 오각이가 오늘 동글이한테 물건을 던져서 동글이 머리에서 피가 좀 났어요."

"어머님, 안녕하세요? 오각이가 수업 시간에 너무 떠들어서 다른 친구들한테 방해가 되어서요. 집에서는 어떤가요? 제가 좀 조언을 얻을 수 있을지, 가정에서도 함께 지도해 주시면 좋을 것 같아 전화 드렸습니다."

이렇게 몇 번 전화드리니 한 부모님께서 전화가 올 때마다 너무 스트레스를 받는다고 우리 아이가 그렇게 힘든 아이냐고 속상한 마음을 표현하신 적이 있습니다. 그 말을 듣는 순간, 아차 싶었습니다.

'내가 전화한 것은 학교에서의 일을 말씀드리고 조언을 얻고 싶어서였는데, 아이에 대해 안 좋은 이야기를 듣는 것이 속상하셨구나…….'

이후로 저는 아이의 문제 행동에 대해 정말 중요한 전달 사항이 있을 때만 부모님께 전화를 드리게 되었습니다. 요즘은 부모님께서 어떤 반응으로 말씀하실지 모르니 또 아이의 사소한 잘못들은 '전화할까? 말까?' 여러 번 고민하게 됩니다.

교사도 학부모님들께 아이의 문제를 전달해야 할 때 많은 고민을 합니다.

이 문제가 전화해야 할 문제인가? 내 선에서 해결하는 것이 나은가? 전화를 안 했다가 나중에 문제가 커지면 어쩌지? 말한다면 어떤 말부터 꺼내야 할까? 부모님께 어디까지 말해야 할까? 고민하고 고민하다 수화기를 듭니다.

☺

교사도 엄마가 되고 나니 전화벨이 두렵습니다

솔직히 아이를 낳기 전까지 학부모님의 마음을 잘 알지 못했습니다. 교사라는 정체성만 있었을 때는 나를 위해서 그리고 학생의 발전을 위해서 아이의 문제를 알려드려야 한다는 마음으로 수화기를 들었습니다. 그 아이가 집에서 어떤 호통을 듣게 될지는 저의 관심사가 아니었습니다.

교사들이 굳이 가정에 학생의 문제를 알리는 마음은 부모님께서 가정에서 좀 더 잘 지도해 주시기를 바라는 마음과 그로 인해 학교에서 변화가 있기를 기대하는 마음이 제일 큽니다. 하지만 어느 부모님께서 담임교사인 저의 전화로 인해 스트레스를 받는다고 하셨을 때 너무 놀랐습니다. '왜지? 학교생활이 안 궁금하신 걸까?'라고 생각했습니다.

세모가 5살이 되자 선생님의 전화가 유독 잦아지기 시작했습니다. 전화가 올 때마다 저의 마음은 이랬습니다.

첫 번째 전화, '선생님께서 힘드시겠다.'

두 번째 전화, '우리 아이가 대체 왜 이러는 걸까? 혼을 더 내보자.'

세 번째 전화, '선생님이 너무 예민하신게 아닐까?'

네 번째 전화. '선생님이 우리 아이를 싫어하시는 것 같은데……찾아뵙고 이야기해야겠다.'

저도 별수 없는 엄마였습니다. 우리 아이가 선생님께 칭찬만 받았으면 했습니다. 선생님께 합격점을 받는다는 것은 사회에 잘 적응할 수 있다는 인정을 받는 것이기 때문입니다. 한국 사회에 잘 적응하여 튀지 않고 사회생활까지 잘 해낼 아이라는 것을 보장받는다는 의미가 있다고 생각했습니다.

하지만 세모는 5살 아이가 지켜야 할 자리에서 이탈했고, 친구들과 자주 트러블이 생겼습니다. '에너지가 많게 태어나서 그렇겠지, 아직은 어리니까 내년엔 괜찮겠지?' 하며 제 자신을 달랬습니다.

교사라는 정체성도 저의 여러 모습 중 하나였지만 무엇보다 세모의 엄마였기에 아이가 제가 정한 기준에 못 미친다는 수많은 전화를 받으며 이런 생각이 들었습니다.

'난 엄마로서 낙제야. 내가 양육을 어떻게 했길래 애가 유치원에서 이런 식일까…….'

아무리 집에서 혼을 내고, 제발 유치원에서 선생님 말씀을 잘 들어달라고 애원을 해도 아이는 개선되지 않았습니다. ADHD는 제 의지로 되는 게 아니었기 때문이죠. 계속되는 전화에 병원을 찾고 ADHD 진단을 받으면서 약물 치료를 시작했습니다. 그렇게 치료를 시작하면서 초등학교 입학 이후로는 선생님께서 따로 전화하시는 일이 없어졌습니다.

아마 ADHD 아이를 키우는 부모님들은 저와 비슷한 경험이 있으실 것입니다. 선생님의 잦은 전화를 받다 보면 콜 포비아(Call Phobia)가 생기기도 하죠. 보통은 문자나 이메일을 선호하면서 생긴 공포증이라고 하지만 우리는 그 출처가 다릅니다. 아이를 유치원이나 학교에 보내고 전화벨이 울리면 심장이 발끝까지 떨어지죠.

사실 약물 치료를 시작해도 앞으로 이런 전화를 안 받는다는 보장은 없습니다. 선생님과의 전화 통화에 어떻게 의연해질 수 있을까요?

전화벨이 울릴 때, 두려워하지 말고 진심을 보세요

저는 교사이기에 교사가 전화했을 때, 그 의도를 누구보다 잘 알고 있습니다. '세모 때문에 학급 친구들이 힘듭니다. 가정에서 지도를 부탁드립니다'라는 의미죠. 우리는 아이가 얼마나 못했는지 알고 선생님께 부모로서 아이와 함께 혼나려고 전화 상담을 하는 것이 아닙니다.

선생님의 진심은 이렇습니다. 일단, 전화를 하기까지 선생님께서 혼자서 아이의 문제를 해결해 보려고 노력하셨을 것입니다. 큰일이 아닌 이상 부모님께 바로 전화를 하는 것이 쉽지는 않기 때문입니다.

전화 상담을 통해 교사가 가장 기대하는 것은 부모님의 협력하고자 하는 마음입니다. 부모님께서 선생님과 한배를 탄 심정으로 아이를 개선하고자 하는 협력의 마음을 보여준다면 상담은 여느 때보다 발전적일 수밖에 없습니다.

물론 아이의 단점을 듣는 일이 쉽지는 않죠. 우리는 쉽게 방어적인 태도를 보입니다. 그럼 아이의 발전을 위한 건설적인 대화보다 속상한 마음에 선생님의 의도를 오해하게 됩니다.

"선생님, 우리 세모는 그런 애가 아니에요. 너무 안 좋게 보시는 거 아닌가요?"라고 말하기보다 "선생님, 그럼 어떻게 가정에서 지도하면 좋을까요?"라고 말하는 것이 아이의 발전을 위해 훨씬 좋습니다. 우리는 아이의 발전을 위해 존재하는 어른들이니까요.

또한, 아이들이 가장 편안함을 느껴야 할 집에서 호통이 아닌 따뜻한 소통이 오가길 바랍니다. 선생님의 전화를 받고 난 후, 기분 나쁜 감정을 아이에게 쏟아내지 마세요. 선생님은 아이와 1년간 함께하지만 부모는 평생을 함께한다는 것을 기억하세요.

그러니 전화를 끊고 뒤돌아서 아이에게 모진 말들을 쏟아내지 않길 바랍니다. 우리의 아이는 이미 학교에서 고군분투하고 있습니다. 그리고 조금은 전화벨 소리에 무뎌지기를 바랍니다.

2

담임 선생님께
말해도 될까요?

아이가 낙인찍힐까 두려워요

세모가 초등학교에 첫 등교를 하는 3월 2일, 설렘보다 두려움이 가득했습니다. 우리 아이가 과연 잘 해낼 수 있을까? 선생님 말씀을 잘 듣고, 학교생활에 무난하게 적응할 수 있을까? 걱정부터 앞섭니다. 그리고 초등학교에 입학하고 고작 3주가 지나면 첫 학부모 상담이 다가옵니다. 선생님께 아이의 ADHD를 미리 말씀드려야 할지 고민이 많아집니다.

ADHD 아이를 키우는 엄마이자 교사로서 말씀드리자면, 담임 선생님께 아이의 진단과 약물 복용 여부에 대해 말씀드리는 것이 아이에게 결과적으로 더 도움이 된다고 생각합니다. 그런데 왜 우리는 담임 선생님께 사실을 말하기 어려울까요?

세모가 ADHD라는 사실을 알고 약물 치료를 시작하면서 그 누구에게도 진단명을 말하고 싶지 않았습니다. 미디어에서 보이는 모습이 때론 너무 자극적이고 단점만 너무 부각하기 때문에 우리 아이에게 그런 이미지가 씌워질 것이 두려웠기 때문입니다. ADHD라는 이유만으로 다른 친구들이 거리를 두고, 마치 조심해야 할 아이처럼 색안경을 끼고 볼 것 같았거든요.

고작 한 달 남짓 우리 아이와 함께한 얼굴조차 모르는 담임 선생님께 우리 아이의 진단명을 고백하는 것이 쉬운 일일 수 없습니다. "선생님, 우리 아이가 ADHD 진단을 받고 약물 치료를 하고 있습니다"라는 한 마디가 그렇게 말하기 어려운지 엄마가 되어보니 알겠습니다.

그러나 담임 선생님께 ADHD에 대해 말하지 않음으로써 교실에서 우리 아이가 더 힘들 수 있다는 점도 알아야 합니다.

이런 경우에는 오픈하는 것이 좋아요

ADHD 아이들의 과잉행동은 초등학교에 입학하면서 눈에 띕니다. 수업을 진행하려고 하면 재밌는 질문이 막 생각나서 못 참고 질문을 던집니다. 수업의 흐름이 끊어지죠. 선생님과 친구들은 알고 있습니다. 그 친구가 수업 시간에 계속 흐름을 끊는 아이라는 것을요. 그룹 활동을 할 때도 과잉행동이 심한 아이는 착석을 못하고 계속 돌아다닙니다. 그리고 주의력 전환이 힘들어 수업이 시작했는데도 놀이를 끝내지 못하고 교실 뒤편에서 계속 놀고 있을 때도 있습니다.

이렇게 눈에 확연히 증상이 보이는 과잉행동-충동형 아이들의 경우, 담임 선생님께서 이미 아이의 ADHD를 알고 계실 확률이 높습니다. 선생님께서 계속 부모님께 전화를 드리게 되죠. '아이의 학교생활에 개선이 필요하고, ADHD가 의심되니 검사를 받아보시길 바랍니다'라고 지속해서 직간접적으로 말씀드리는 경우가 많습니다. 가정에서 아이의 ADHD를 조기에 발견하여 아이를 도와주기를 바라는 마음으로 자주 전화를 하게 되지요.

그러므로 이 경우에는 "선생님, 저희 아이는 ADHD 진단을 받아서 치료를 받고 있습니다"라고 오픈하는 것이 좋습니다. 교사는 아이가 수업을 방해하고 충동적으로 행동하는 이유가 ADHD라는 사실을 모를 때, 오히려 아이를 통제하게 됩니다. 아이가 그런 행동을 하는 이유가 잘못된 습관이 고쳐지지 않아서 그렇다고 오해하기 때문입니다.

그러나 아이의 이러한 행동이 ADHD 때문임을 알고 있다면 어떨까요?

교사는 아이의 행동을 이해할 수 있습니다. '저건 아이의 의지가 아니라 ADHD 때문이겠구나. 조금 더 이해하고 기다려 줘야겠다. 부모님께서도 노력하고 계시니 아이도 점점 좋아지겠지' 하고 학교에서 아이의 이름이 10번 불릴 것도 5번만 불리게 됩니다. 친구와 트러블이 있을 때도 선생님께서 아이를 이해하고 천천히 성장하는 아이의 속도를 함께 기다려 줄 수 있습니다.

아이의 약물 부작용과 효과에 대한 피드백이 필요할 때도 선생님께 오픈하는 것이 매우 중요합니다. 가정과 같은 편안한 환경과 달리 학교와 같은 단체 생활에서 증상이 어떻게 발현되는지 알 수 있기 때문입니다. 그리고 약효가 주로 작용하는 시간이 학교에 있는 시간이기 때문에 부작용이 얼마나 있고 약효는 어떤지 담임 선생님께 조언을 구할 수도 있습니다.

만약 오픈하지 않는다면 오히려 아이가 힘들어질 수도 있습니다. 약물 치료를 시작하면 부작용이 발생할 수 있습니다. 구토, 두통, 복통과 같은 신체적인 부작용은 물론 폭력성, 예민함 같은 감정 변화도 부작용으로 나타나기도 합니다. 이러한 부작용이 발생했을 때, 담임 선생님이 사전에 몰랐다면 적절한 대응이 어려울 수도 있습니다.

우리가 아이의 치료에 적극적으로 나서고 아이가 힘들지 않도록 노력하는 이유는 오로지 하나 아이가 건강한 사회인으로 성장하는 것입니다. 우리가 가정에서 아무리 훈육해도 단체 생활까지 통제하고 하나씩 가르칠 수는 없습니다.

학교는 작은 사회입니다. 학교에서 공동체 생활을 익히고 다양한 인간군상을 만나 건강한 관계를 맺는 법을 배우는 곳입니다. 그 중심에 아이를 바른 길로 안내하고 가르쳐주는 선생님이 있습니다.

이런 경우에는 오픈을 미룰 수 있어요

아이가 주의집중력-결핍형, 즉 조용한 ADHD인 경우에는 수업 중에 눈에 띄지 않을 것입니다. 수업을 방해하거나 위험한 행동을 하는 경우가 드물기 때문입니다. 그리고 약물 복용에도 잘 적응하여 부작용 없이 잘 생활하고 있다면 반드시 담임 선생님께 오픈할 필요는 없습니다.

그럼에도 불구하고 선생님의 도움과 포용이 필요한 아이들이 있습니다. 사실 조용한 ADHD 아이들은 계속 조용히 실패하고 있습니다. 조용하기에 부정적 피드백도 긍정적 피드백도 모두 받지 않는 편입니다.

공상에 빠져 눈은 칠판을 향하지만 머릿속엔 다른 생각으로 가득 차 있을 때, 선생님의 질문을 받으면 제대로 대답을 하지 못합니다. 친구들은 대답을 못하는 자신을 쳐다보고, 그 시선을 느끼며 계속 불안해집니다. 물건도 자꾸 잃어버리면서 '대체 왜 나는 뭐 하나 제대로 하는 게 없을까?' 하는 자책을 계속하게 됩니다.

조용한 ADHD 아이들의 특징에 대해 담임 선생님이 알고 계신다면 어떨까요? 좀 더 집중할 수 있도록 수업 내용을 한 번 더 요약해 설명해준다든지, 아이가 집중을 잘하지 못해도 지적보다 격려를 해준다든지, 아이를 위해 따뜻한 관심을 줄 수 있을 것입니다.

또래 관계에 어려움이 있을 때, 사교성이 좋은 친구와 짝을 시켜줄 수도 있고, 우울감에 빠져있을 때는 빠르게 위클래스(Wee 클래스, 학교, 교육청, 지역 사회가 연계하여 학생의 건강하고 즐거운 학교생활을 지원하는 다중의 통합지원 서비스) 상담 선생님께 협조를 구할 수도 있죠.

오픈하고 선생님과 협력하세요

학부모가 되니 선생님께 어디까지 말씀을 드려야 할지 고민될 때가 많습니다. 아이의 단점을 말하자니, 내 얼굴에 침 뱉는 건가 싶고, 장점을 말씀드리자니 학교에서는 별로 그렇지 않다는 말이 돌아올까 두렵습니다.

교사가 학부모에게 전화를 하고 아이의 학교생활에 대해 이야기할 때는 '우리는 아이의 현재와 미래를 위해 한 배를 타고 있다' 생각하고 말씀드립니다. 교사가 가장 난감할 때는 부모가 아이의 문제 상황에 대해 인정하지 못하고 방어적일 때입니다. 문제에 대해 인식하지 못하면 해결책에 관해 이야기할 수 없거든요. 아이를 돕기가 어려워지는 것입니다.

선생님의 전화를 받으면 긴장부터 되는데 아이가 문제가 있다는 말까지 들으면 마음에 돌덩이가 쿵 내려앉지요. '대체 집에서 어떻게 키우기에 아이가 학교에서 그런가요?'라고 말씀하시는 것처럼 들리기도 하고요. 하지만 교사는 아이의 부모님에게 '함께 아이를 위해 노력해 봐요'라는 마음을 기대합니다.

　교사가 이미 아이의 과잉행동과 산만한 수업태도를 보고 ADHD를 의심하고 있을 때, 부모님이 먼저 "아이가 ADHD 진단을 받았고 가정에서도 열심히 노력하고 있다"라고 말씀하시면 교사는 협력자 한 명을 얻은 듯한 마음이 듭니다. 학교에서는 교사인 내가 돕고, 가정에서는 부모님이 열심히 아이를 위해 노력하시니 아이가 바르게 성장할 거라고 안심이 되기도 하고 희망을 품기도 합니다.

　아이의 작은 성취에도 잊지 않고 칭찬을 해줍니다. ADHD를 이겨내며 학교생활을 하는 아이의 성취는 더 귀하니까요. 그러니 용기를 내시기 바랍니다. 교사와 부모가 협력할 때, 아이는 학교가 두렵지 않습니다. 우리는 선생님이라는 든든한 우리 편을 얻게 되는 것입니다.

그렇다면 어떻게 말씀드려야 할까요?

세모의 잦은 장난과 충동적인 언행으로 선생님께서 전화하셨던 때였습니다. 이제는 가정에서도 노력하고 있다고, 선생님께서도 함께 우리를 도와주실 수 있으신지 말씀을 드려야 할 때가 온 것 같았습니다.

담임 선생님과 몇 번의 통화로 고백할 용기가 생겼습니다. 선생님께서는 아이가 잘못했음에도 불구하고 감정적이지 않으셨습니다. 아이가 항상 올바른 행동을 할 수 있도록 세심하게 가르쳐주시는 분이라는 것을 느꼈습니다. 세모의 문제점을 말씀하실 때도 아이의 개선 가능성을 믿어주셨습니다. 그래서 더욱 용기를 내 진단과 약물 치료에 대해 말씀드렸습니다.

"선생님. 세모는 ADHD 진단을 받았습니다."

선생님께서는 잠시동안 말씀이 없으셨습니다. 내 마음 깊숙이 무거운 바위로 눌러뒀던 것을 들어내느라 그랬을까요? 이 한 문장을 말하는데 목소리가 떨렸습니다.

처음에는 담임 선생님께 아이의 ADHD를 평생 고백하지 않을 계획이었습니다. 아이를 날카롭고 따가운 선입견으로부터 지키기 위해서 말하지 않겠다고 마음을 먹었습니다. 그런데 약물 치료를 시작해도 아이의 ADHD는 여전히 눈에 띄었습니다.

선생님께 아이의 ADHD에 대해 말씀드릴 때는 솔직한 마음으로 진심을 담아서 말씀드리면 됩니다.

"선생님, 이런 아이들이 얼마나 힘든지 알지만 키워보니 다 TV에 나오는 아이들 같지도 않고, 치료약도 만병통치약이 아니더라고요. 약물 치료를 해도 사건, 사고는 일어나는 것 같습니다. 저희가 이 과정까지 오기가 참 어려웠어요. 문제 행동을 해도 다 이해해달라는 부탁은 아닙니다. 선생님이 1년

동안 얼마나 버거우실지 너무 잘 압니다. 저도 우리 아이가 진단받기 전에는 선입견이 있었습니다. 이 선입견이 무서워서 제가 말씀을 못 드렸습니다. 말씀드리면서도 가장 우려되는 것은 우리 아이가 ADHD 그 자체로 낙인 찍히는 것입니다. 세모의 모든 행동이 ADHD 때문이라고 생각하지 말아 주시면 정말 감사하겠습니다. ADHD 때문인 것도 있고, 그냥 또래 아이의 행동인 것도 있습니다. 부족한 아이를 맡기기만 하여 죄송합니다."

이렇게 선생님께 우리 아이의 ADHD 증상은 어떻게 나타나고, 오해와 편견이 걱정된다면 그 부분도 솔직하게 말씀드리면 됩니다. 그리고 부탁드려야 할 부분은 잘 정리해서 말씀드리세요. 병원 진료로 몇 주에 한 번씩 결석이나 조퇴를 할 수 있다는 이야기와 약물 부작용에 대해서도 자세히 말씀드리면 됩니다.

"저희가 부탁드리고 싶은 것은 다음 진료가 있는 5월 초부터 증량을 시작합니다. 증량하면 아이가 예민해져서 잘 울 수도 있고 친구나 선생님께도 짜증을 낸다든지 감정 기복이 있을 수 있어 걱정됩니다. 이때 부작용이 어떤지 약효가 어떤지 피드백을 주시면 너무 감사하겠습니다. 저희가 세모에게 맞는 약을 찾는 데 도움을 주시면 감사하겠습니다."

그리고 마지막으로 부모로서 가장 우려되는 비밀 유지에 대해서도 부탁드렸습니다.

"염치불구하고 비밀 유지를 꼭 부탁드립니다. 다음 학년에 진급해서 새로운 담임 선생님께 말씀드려야 한다면 저희가 직접 하고 싶습니다."

이렇게 이 세상에 세모의 ADHD를 아는 사람이 한 분 더 늘었습니다. 처음엔 너무 눈물이 나고 걱정도 되었지만 말씀드리고 나니 후련해졌습니다. 저에겐 한 명의 제일 든든한 지지자가 생겼거든요. 저와 남편이 없어도 세모의 특성을 제대로 알고 있는 선생님이라는 든든한 지지자가 매일 학교에서 아이와 함께 해주신다는 마음에 학교가 더 이상 두렵지 않게 되었습니다.

요즘 학교에서 교사는 아이들을 가르치는 데 있어 마땅한 통제 권한이 없습니다. 교사로서 무력감이 들 때도 있습니다. 그런데 아이가 이미 노력하고 있고, 가정에서도 교사와 협력할 마음이 있다는 것을 알면 교사는 희망이 생깁니다.

결과적으로 세모는 선생님의 깊은 이해와 가르침 덕분에 학교생활이 편안해졌습니다. 세모의 발달 속도를 기다려 주시고, 아이의 작은 발전도 놓치지 않고 격려해 주십니다. 무엇보다 교문에 들어서는 아이의 뒷모습을 보고 걱정만 가득한 표정으로 바라보지 않게 되었습니다. 아이의 발걸음이 당당해 보입니다. 즐거운 마음으로 등교하는 아이의 모습에 감사합니다.

3

중학교 교사가 알려주는
학교생활 꿀팁

과잉행동-충동형 아이들의 어려움

우리 아이들의 특성을 잘 이해하고 도와준다면 학교생활은 한결 편해질 수 있습니다. 교사로서 교실에서 본 ADHD 아이들은 아이의 특성에 따라 다양한 문제 행동을 보입니다. 충동적이고 과잉행동을 보이는 학생들부터 조용하지만 주의집중력이 약한 학생과 예민한 기질로 인간관계와 새로운 환경에 적응이 어려운 학생까지 다양합니다.

학교에서 나타날 수 있는 문제들은 아이의 성향을 잘 파악만 한다면 부모가 미리 예방할 수도 있고 후에 현명하게 대처할 수도 있습니다.

과잉행동-충동형 아이들의 가장 큰 어려움은 수업 시간과 규칙 지키기입니다. 초등학교 저학년의 경우 수업 시간에 자꾸 일어나고 싶어 합니다. 줄을 서서 질서 있게 급식실로 이동할 때도 자꾸 점프하고 싶고, 손을 잡은 친구를 신경 쓰지 않고 들썩거리며 걷기도 합니다. 체험 학습처럼 질서가 곧 안전인 상황에서도 사전에 알려준 규칙을 잊고 자꾸 이탈하는 모습을 보이기도 합니다.

이 문제는 약물을 복용하는 경우, 과잉행동이 조금 가라앉는 효과를 보기도 합니다. 세모도 수업 시간에 계속 질문을 하거나 쉬는 시간에 과한 장난을 치는 문제가 있었습니다. 약물 치료 이후 많이 개선되어 수업에 방해가 되는 행동은 줄었습니다.

가정에서 사전에 아무리 많은 교육을 해도 과잉행동-충동형 아이는 그 상황이 되면 머리로는 알아도 몸은 이미 움직이고 있습니다. ADHD의 특성일 뿐입니다. 아이가 잘못하고 싶어서 그러는 것이 아닙니다.

세모는 약을 먹지 않고 초등학교 1학년을 시작했습니다. 수업 시간에 충동적인 언행과 과한 장난으로 교실에서 계속 지적을 받아야 했습니다. 저는 아이가 잘 해낼 수 있다는 믿음으로 '세모가 학교에서 지켜야 할 약속들'이라는 목록을 코팅까지 해서 필통에 넣어주었습니다. "너는 잘할 수 있어. 멋진 1학년이 될 수 있어. 매시간 꼭 꺼내 보자"라고 말했습니다.

그러나 아이는 스스로 ADHD를 이겨낼 수 없었습니다. 매시간 꺼내 보라는 엄마와의 약속도, 자신의 행동을 조절해야 한다는 당부도 감쪽같이 잊어버렸으니까요. 세모는 선생님께 계속 지적받아야 했습니다.

충동적인 성향이 강한 아이의 경우, 가장 큰 문제는 교실에서 충동적으로 장난을 치다가 위험한 행동이 되어 의도와 다르게 친구를 다치게 하는 것입니다. 한 번 정도의 실수는 괜찮을 수 있습니다. 하지만 지속적으로 반복되면 같은 반 친구들과 어울리기 힘들어집니다.

여기서 중요한 것은 의도치 않게 저지르는 실수들이 쌓이고 쌓여 친구 관계마저 어려워지게 되면 우리 아이의 마음마저도 다친다는 것입니다.

학교에 가져가는 물건들을 살펴봐 주세요

과잉행동-충동형 아이를 키우는 부모님들은 아이가 학교에 가져가는 물건들을 잘 살펴봐야 합니다. 저녁에 가방을 함께 싸거나 가방을 챙기고 나서 한 번 더 들여다보시길 권합니다.

예를 들어, 가위의 경우 안전 가위가 좋습니다. 가위를 돌리거나 실수로 던지는 일이 있기 때문입니다. 당근칼로 불리는 칼 모양의 장남감처럼 학교에 가져가지 않아야 하는 위험한 것들이 있습니다.

수업 시간에 집중하지 못하고 갖고 놀 수 있는 장난감 역시 가져가지 않는 것이 좋습니다. 준비물이 아닌 것들은 아이가 직접 선생님께 가져와도 되는 물건인지 아닌지 물어보도록 교육합니다.

세모의 경우에는 던지며 놀 수 있는 작은 탱탱볼, 빙글빙글 돌릴 수 있는 스피너, 장난감 기능이 있는 필통 같은 것은 학교에 가져가지 못하게 합니다. 수업 시간에 자꾸 만지고 싶고, 갖고 놀다가 수업이 시작되어도 멈추기 어렵기 때문입니다.

필통의 경우 떨어지면 큰 소리가 나거나 자동으로 열려 내용물이 다 흩어져 버리는 것이 아닌, 지퍼가 달려 있고 떨어져도 소리가 잘 나지 않는 것을 추천합니다. 우리 아이들은 주변 물건을 잘 살피지 못할 때가 있습니다. 책상도 정돈이 잘 되어 있지 않을 때가 많아 물건을 자주 떨어뜨릴 수 있기 때문입니다.

이렇게 부모가 아이의 성향을 알고 조금 더 신경써준다면 위험한 상황이나 아이가 지적받을 만한 행동을 예방할 수 있습니다.

부주의한 아이의 학교생활, 이렇게 도와주세요

부주의한 아이들의 어려움은 바로 잘 잊고, 잘 잃어버리고, 정리가 어렵다는 것입니다. 잘 잊는 아이들은 학원 시간표 등을 아이가 바로 볼 수 있게 휴대폰 뒷면 또는 알림장 앞에 붙여주면 좋습니다.

처음에는 이것도 잘 챙겨보지 못할 수 있지만 '앗, 이제 어디 가야 하지?'

라고 생각이 들 때 바로 찾아볼 수 있습니다.

　물건을 잘 잃어버리는 아이들은 중요한 물건을 항상 챙기도록 이동할 때 있던 자리를 쳐다보는 연습을 반복적으로 시켜야 합니다. 가정에서 여러 번 연습시키다 보면 습관이 되어 나중에는 엄마가 잃어버리는 것은 없는지 챙겨주기도 합니다.

　이때 "세모야, 두고 가는 거 있어?"라고 물어보는 것이 좋습니다. "세모야, 휴대폰 챙겼어?"라고 물으면 안 챙겼는데도 "어~" 하고 자리를 떠납니다. "세모야, 두고 가는 거 있어?"라고 물어야 한 번 더 자기가 있던 자리를 챙겨 봅니다.

　그리고 물건을 잃어버리는 것에 좀 익숙해져야 합니다. 계속 혼을 내거나 다시 사주지 않겠다고 엄포를 놓는 일은 감정만 상하게 합니다. 어차피 또 잃어버리기 때문이지요. 휴대폰이나 지갑과 카드와 같은 중요한 물건에는 아이의 이름과 엄마의 휴대폰 번호를 적어 언젠가 다시 돌아올 수 있도록 하는 것이 좋습니다.

　마지막으로 학교에서 정리정돈이 어려운 아이들은 정리를 도와주는 물건을 챙겨주면 좋습니다. 정리는 잘 분류하는 것입니다. 책상 서랍과 사물함에서 사용할 정리 바구니를 준비하면 물건을 대충 쑤셔 넣지 않고 분류하여 정리하는 데 도움이 됩니다. 또한, 학습지를 모아두는 파일 가방도 도움이 됩니다. 아코디언처럼 생겨 여러 칸으로 나눠진 파일 가방은 손잡이도 있어

가방처럼 들 수 있고 쏟아져 나올 일도 없습니다.

학년이 올라갈수록 학습지들이 많아집니다. 중학생들도 학습지 정리를 못 하는 학생이 많습니다. 수업 시작과 함께 학습지를 꺼내라고 말하면, 과목별로 분류된 학습지를 바로 꺼내는 학생도 있고 서랍에서 모든 교과서를 꺼내 학습지를 찾는 학생도 있습니다. 그렇게 수업 시간 5~10분을 허비하지요. 파일 가방은 아이의 체계화된 학습지 분류에 많은 도움이 됩니다.

예민하고 불안이 높은 아이의 문제, 등교 거부

불안이 높은 아이들에게 학교라는 공간은 온통 자극입니다. 집이 아닌 곳, 내 물건이 없는 곳, 친하지 않은 다수와 모든 것을 공유해야 하는 공간이지요. 엄마가 아닌 매년 바뀌는 선생님이 있는 곳, 나를 위해 돌아가는 시스템이 아닌 단체를 위한 규칙이 존재하는 곳입니다.

ADHD 아이들 중에 유독 불안이 높은 아이들이 있습니다. 이런 아이들은 낮은 주의집중력으로 자꾸 실수하게 되고 자신감도 결여되어 불안감이 높습니다. 불안감이 높은 아이의 가장 큰 문제는 등교 거부입니다. 학교 가는 것이 두려워 등교를 거부하는 것이죠.

직장에 다니는 부모의 경우, 더욱 아이를 학교에 보내야 하는 상황이기 때문에 갑자기 시작된 등교 거부가 나아질 기미가 보이지 않으면 직장을 그만둬야 하나 휴직을 해야 하나 고민이 많아집니다.

가장 중요한 것은 아이가 학교에 '왜 등교하고 싶지 않은지' 그 원인을 아는 것입니다. 기질적으로 불안이 높고 예민한 아이가 새로운 환경에 적응하지 못해서 등교를 거부할 수도 있고, 학급 구성원 중 특정 친구와 문제가 있을 수도 있습니다. 그리고 등교 거부가 습관이 된 아이도 있지요. 학교에 가기 싫다고 몇 번 가정 학습을 한 아이들은 다시 학교에 가는 것이 싫어집니다.

기질적으로 불안이 너무 높아서 새로운 환경이 두려운 아이라면 전문가의 도움을 받는 것이 좋습니다. 상담 치료나 약물 치료를 통해 아이가 학교생활을 좀 더 편안하게 하도록 도울 수 있습니다. 가장 중요한 것은 부모가 함께 불안해하지 않는 것입니다. 불안을 낮추는 것은 급한 불을 끄는 것과 같습니다. 불안은 불처럼 옮겨붙습니다.

"세모야, 학교가 힘들어? 어떻게 하니?", "학교를 안 가면 친구도 못 사귀고 배우는 것도 다른 친구들보다 늦어질 텐데. 걱정이네"라는 식으로 불안이 가득한 말을 하면 아이는 학교가 더 두려워집니다. 학교는 즐거운 일도 많은 곳이고 지금은 힘들어도 자꾸 가는 습관을 들이면 분명 잘 해낼 수 있다고 격려의 말을 많이 해줘야 합니다.

아이가 학교에서 특별히 불편한 점이 있다면 담임 선생님과 상담을 해봐야 합니다. 담임 선생님에게 학교에서 아이를 어떻게 도울 수 있을지 조언을 구해보시기 바랍니다. 교사는 또래 아이들이 어려워하는 부분을 잘 관찰하여 알 수 있으므로 선생님과 협력하여 아이가 학교에 천천히 적응해 가도록 돕는 것이 좋습니다.

또한, 등교 거부가 습관이 되지 않도록 주의를 해야 합니다. 너무 힘들어할 때는 며칠 결석할 수밖에 없겠지요. 그러나 학교에 보내지 않는 것은 해결책이 아닙니다. 오히려 등교를 더욱 어렵게 만들기도 합니다. 아이와 부모가 함께 논의하여 홈스쿨링이나 대안학교 등으로 진로를 확실하게 바꾸지 않는다면, 등교 거부는 피하지 않고 해결해야 할 문제입니다.

물론, 등교 거부는 단시간에 해결되지 않습니다. 교사와 전문가의 도움을 받아 급한 불을 끄고 나면 아이와 함께 5분, 10분, 오전 수업, 급식까지 먹고 오기처럼 천천히 학교에 적응시켜야 합니다. 가능하다면 부모 중 한 명이 적응기를 돕는 방법도 있습니다. 등교 거부를 극복한 사례를 보면 결국 시간이 약이었습니다. 진부한 말일지 몰라도 아이는 결국 해냅니다. 그 어려운 시기를 부모가 얼마나 함께 도와주느냐가 중요합니다.

'우리 아이는 왜 이럴까?', '학교는 기본적으로 가야 하는 것 아닌가?'라는 생각에 부모는 속상하고 아이는 좌절하기도 합니다. 그럴 때는 다시 한번 초점 질문을 던져보길 바랍니다.

"아이의 등교를 위해 오늘 내가 해야 할 단 한 가지는 무엇일까?"

그 한 가지를 해내며 시간에 맡기세요. 아이에게는 회복의 힘이 있습니다. 부모는 그 시간을 함께 견딜 뿐입니다.

4

학교폭력,
가해자도 피해자도 되지 않도록

이런 행위도 학교폭력입니다

모든 교사들은 한 해에 이것이 한 번도 일어나지 않으면 기적과 같은 일이라고 합니다. 바로 '학교폭력위원회'입니다. 학폭위는 학생과 관련된 모든 폭력 사안을 조사하고 해결하는 위원회입니다. 학교폭력이라고 하면 드라마에 나오는 집단 따돌림, 심한 신체적 가해만을 상상하시나요? 사실 학교 폭력의 범위는 생각보다 넓습니다. 신체 폭력뿐만 아니라 언어 폭력, 사이버 폭력, 금품 갈취 등 다양한 양상의 폭력을 모두 포함하고 있습니다.

학교폭력 관련 법이 없던 시절에 이런 문제들은 학부모와 교사의 면담과 학교 규칙에 따라 처벌되고 해결되어 왔습니다. 하지만 문제가 심각해지면서 학교폭력예방 및 대책에 관한 법률이 만들어졌고, 아이들의 잘못된 폭력 행위들은 이제 학폭위에서 해결하게 되었습니다.

인터넷에서 '학교폭력'을 검색하면 가장 많이 나오는 것이 무엇인지 아시나요? 바로 학교폭력 전문 변호사의 광고입니다. 학교폭력이 일어나면 학생과 학생이 만나 사과를 하고 용서를 하는 일은 옛일이 되었습니다. 이제는 변호사와 변호사가 만납니다.

우리 아이에게 절대 일어나지 않기를 바라는 학교폭력은 이제 학생과 학생 또는 학칙으로 해결되는 문제가 아니라 학폭위와 법으로 해결해야 되는 문제가 되었습니다. 그런데 문제는 학교폭력의 범위가 부모님들의 생각보다 넓다는 것입니다. 다음과 같은 문제로도 충분히 학교폭력의 가해자가 될 수 있습니다.

- 종이를 뭉쳐서 친구를 맞춤. 크게 다치진 않았지만 기분이 나빴음
  → 폭행
- 싫어하는 말로 놀리며 빈정거리고 비웃음 → 따돌림
- 친구에게 돈을 빌린 사실을 잊고 계속 갚지 않음 → 금품 갈취
- 특정 친구에 대한 사적인 내용을 카톡으로 다른 친구와 이야기함
  → 사이버 폭력
- 여러 친구를 앞에서 외모를 비하하는 농담을 함 → 명예 훼손

초등학생의 경우 친구들과 관계를 맺는 법을 배우는 과정에 있습니다. 친구들과 놀다 보면 위와 같은 실수를 할 수도 있습니다. 특히, 우리 아이들은 인간관계가 서툴러서 피해자가 되기도 쉽지만, 충동성과 과잉행동이 심하

면 가해자가 될 확률도 높습니다.

세모는 실제로 손에 있는 것을 잘 던지는 버릇이 있습니다. 물건을 던지면 주변 사람이 다칠 수 있다는 것을 알지만 손에 무언가가 쥐어지면 충동적으로 던지곤 합니다. 정말 숱한 훈육으로 많이 나아졌지만, 아직도 던지고 싶은 욕구와 충동성은 여전합니다. 충동성을 못 이겨 물건을 던졌는데 우연히 지나가던 친구가 맞았다면 학폭으로 처리될 수도 있습니다.

또한, ADHD 아이들은 자신의 물건도 잘 잃어버리고 앞으로 해야 할 일도 자주 잊곤 합니다. 이런 아이들이 친구의 물건이나 돈을 빌리고 그 사실을 잊는다면 금품 갈취에 해당될 수 있습니다. 언어적 충동성 역시 마찬가지죠. 자신은 솔직하다고 생각하고 친구의 외모를 지적하거나 다른 친구의 이야기를 불쑥 꺼내는 경우 언어 폭력 또는 명예 훼손이 될 수도 있습니다.

애초에 가정에서 나쁜 것을 가르치지 마세요

충동성과 학교폭력은 밀접한 관련이 있습니다. 학교에서는 학교폭력 예방교육을 정기적으로 실시합니다. 학폭이 일어나면 아이들이 가장 힘들기 때문입니다. 안타까운 것은 서로 친했던 아이들이 부득이하게 폭력을 서로 주고받은 경우입니다. 피해자도 가해자도 명확하지 않습니다.

아이들은 예방 교육을 받기 때문에 분명 어떤 행동이 학폭이 될 수 있는지 알고 있습니다. 그럼에도 불구하고 충동성이 이성을 이길 때, 문제는 발생합니다. 충동성이 강한 ADHD 아이들은 이런 상황에 더욱 취약할 수밖에 없습니다. 감정을 조절하고 행동을 통제하는 전두엽의 발달이 또래보다 느린 아이들이기에 사전 방지에 더욱 힘써야 합니다.

약물로 충동성이 억제된다고 하지만 가장 중요한 것은 가정에서 나쁜 것을 가르치지 않는 것입니다. 제가 말하는 나쁜 것들은 바로 체벌, 모욕, 따돌림, 언어 폭력 등을 의미합니다. 가정에서 누가 이런 것들을 가르치냐고 생각하시나요?

부모는 은연중에 이런 언행을 아이들에게 할 때가 있습니다. 부정적인 언행을 아이에게 보여주는 것이 바로 나쁜 것을 가르치는 것입니다. 아이들은 부모의 말과 행동을 자신도 모르게 배워서 따라 합니다.

벌을 준다고 아이의 신체에 손을 대는 체벌은 폭력입니다. 체벌을 받은 아이들은 감정을 이기지 못할 때 타인을 아프게 해도 된다고 생각할 수 있습니다. 아이에게 "너 그렇게 조금 먹으면 키도 작고 안 커", "그렇게 살쪄서 어떻게 하려고 그래"와 같이 외모에 대한 모욕적인 말을 한 적은 없으신가요? 아이들은 이런 말로 인해 작은 키나 과체중 체형은 나쁜 것이라는 인식을 갖게 되고 충동적으로 타인의 외모에 대해 말을 할 수도 있습니다.

또한, 가정에서 부모들이 인지하지 못하는 나쁜 행위가 바로 따돌림입니다. "쟤는 오늘 너무 말을 안 들으니까 우리 먼저 밥 먹자"와 같이 누군가를 소외시키는 행위는 따돌림을 몸소 보여주는 것이나 다름없습니다.

마지막으로 언어적 충동성을 억제하지 못하고 타인에게 말실수를 하지 않도록 가르쳐야 합니다. 바로 때와 장소, 사람을 가리도록 하는 것입니다. 아이가 밖에서 배워온 단어와 표현 때문에 깜짝 놀란 경험이 한 번쯤은 있으실 것입니다. 제 나이와 맞지 않는 단어들을 사용할 때는 즉시 아이에게 가르쳐줘야 합니다.

"세모야, 그 단어는 어디서 배웠어? 그 단어는 학교나 어른이 있는 장소에서 절대 사용하면 안 돼! 그리고 형들이 쓴다고 따라 하면 안 되는 거야. 그 말을 듣고 누군가는 상처받을 수 있어."

그리고 말은 습관이 될 수 있음을 가르칩니다.

"말은 무서운 거야. 쓰면 쓸수록 입에 붙어서 나중에 말하고 싶지 않아도 나올 수 있어. 그럴 땐 다시 취소할 수도 없단다."

충동성이 강한 아이들에게는 애초에 나쁜 것을 머릿속에 담지 못하도록 해야 합니다. 좋은 말을 더 많이 알고 나쁜 말을 모른다면 충동적으로 실수할 일도 적어지겠죠. 그러므로 ADHD 아이를 키우는 부모라면 평소 언행에 대해 돌아보고 아이에게 바른 말을 가르쳐줘야 합니다.

학교폭력의 피해자도 되지 않도록

우리 아이들이 항상 가해자라는 법은 없습니다. 조용한 ADHD 아이들은 튀는 행동을 하지는 않지만 친구 관계가 항상 어렵습니다. 주의집중력이 낮아 친구들과의 대화에서 흐름을 잘 읽지 못해 불쑥 엉뚱한 질문을 하거나 주거니 받거니 하는 핑퐁 대화가 어렵기 때문입니다.

사회성이 부족해서 친구 관계가 아이의 마음대로 되지 않아 속상한 일이 생기곤 합니다. 특히, 여학생들은 소위 단짝 친구라는 개념이 생기기 시작하면 친구 그룹에서 소외되기도 하고, 자신이 따돌림을 당하고 있는지조차 모르는 경우도 있습니다.

사회적인 상호작용의 부족으로 친구들 사이에서 따돌림을 당하는 경우 가장 먼저 도와줄 일은 자신이 따돌림을 당하고 있다는 사실을 인지하도록 하는 것입니다. 사회성 발달이 또래에 비해 2~3년 느린 아이들은 9살 친구들과 있어도 7살처럼 놀지요. 가끔은 눈치가 없다는 생각도 듭니다. 눈치가 없어 친구들에게 피해를 주기도 하지만 피해를 받는 경우도 많습니다. 따라서 아이들에게 학교폭력 행위들이 무엇인지 구체적인 상황과 함께 설명해야 합니다. 그래야 자신이 학교폭력을 당하고 있다는 사실을 인지하고 어른의 도움을 받을 수 있습니다.

"야, 쟤랑 놀지 마! 세모 빼고 우리끼리 다른 놀이터로 가자."

세모가 놀이터에서 놀고 있을 때, 세모는 이런 말을 듣고도 아이들을 따라갔습니다. 세모는 자신이 아이들과 함께 놀고 있다고 생각했습니다. 이러한 행위는 따돌림이 분명한데도 불구하고 세모는 본인이 따돌림을 당하는 사실을 인지하지 못했습니다.

"세모야, 아까 다른 친구들이 같이 놀다가 너를 빼고 다른 데서 놀자고 하는 행동은 따돌리는 행동이야. 저런 행동은 학교폭력이고 해서는 안 되는 행동이야."

그리고 반드시 학교폭력 피해 사실을 인지했다면 신고해야 한다고 가르쳐줍니다. 부모에게 혼이 날까 또는 친구들과 멀어질까 두려워서 침묵하면 더 큰 일로 번질 수 있음을 알려주세요.

4장

학습을
포기하지
마세요

4^장

학습을
포기하지
마세요

1

공부를
포기해야 할까요?

지능이 높은 아이는 하드웨어만 좋은 컴퓨터와 같아요

"육각이는 학습지 한 장을 푸는데도 몸을 비비 꼬고 하기 싫다고 징징대니 진도가 안 나가요. 대체 어떻게 공부를 시켜야 하는 건가요?"

"동글이는 집중을 너무 못하고 공부를 아무리 해도 성적이 안 나와요. 그냥 공부는 기대 안 하려고요. 꼴찌만 하지 말라고 학원을 보내요."

학습과 관련된 주제는 상담에서 빠지지 않는 내용입니다. 요즘은 아이들이 집중력이 부족하고 학습에 대한 흥미가 없는 반면 게임이나 유튜브 등만 좋아하는 것 같습니다. 특히, ADHD 아이들은 공부를 잘하고 싶어도 학습이 어려운 아이들이 많지요.

우리는 ADHD 아이들이 주의력과 집중력을 요구하는 고난도의 학습을 해내지 못할 것이라고 단정 짓기도 합니다. 저 역시 그랬습니다. '초등학교 공부는 몰라도 고등학교까지 공부를 이어가기 어렵겠네. 머리가 좋아도 충동성을 억제하고 집중력 있게 공부하기는 힘들겠지?' 우리 아이가 앞으로 어떤 일을 하며 살아야 할지 여러 가지 걱정이 앞섰습니다.

세모의 ADHD를 의심하면서도 진단을 미뤄왔던 이유는 세모가 분명 앞서가는 부분들이 있었기 때문입니다. 한글을 또래보다 빠르게 읽을 수 있었고, 레고 블록을 두 시간이나 집중해서 해냈으며, 숫자를 좋아하며 암산 능력도 또래보다 좋았거든요.

하지만 세모의 지능검사 결과를 받고 다소 당황했던 기억이 납니다. 세모의 경우, 지능점수에서 처리 속도와 작업 기억 점수가 다른 지능점수에 비해 현저히 낮았습니다. "빨리 옷 좀 입어라", "빨리 다음 숙제해라"라고 말해도 주어진 과업을 처리하는 데 세월아 네월아 걸린 세모의 행동이 비로소 이해되는 순간이었습니다. 마트에서 뛰면 안 된다고, 수업 중에 큰 소리로 말하면 안 된다고 기본적인 규칙을 백 번 설명하고 천 번 혼내도 다시 그 상황이 되면 기억을 못 하는 것이죠.

지능이 높아도 자신의 학습을 계획하고 관리하는 능력인 메타인지, 자기주도학습 능력이 없으면 학년이 올라갈수록 공부와 담을 쌓게 됩니다. 중학교 최상위권 아이들을 보면 어떤 아이들이 공부를 잘하는 아이인지 알 수 있습니다. 그 아이들은 기본적으로 성실함과 계획적인 성향을 갖고 수업시간에 매 순간 깨어있으며 집중력이 뛰어납니다.

이렇듯 지능이 높아도 자신의 학습을 계획하고 실행하고 성찰하는 메타인지 능력이 없으면 하드웨어만 좋은 컴퓨터와 같습니다. 메타인지와 관련된 뇌의 부위는 전두엽입니다. 전두엽 발달이 또래보다 느린 ADHD 아이들은 메타인지 또한 발달이 느릴 수밖에 없습니다. 그래서 친구들보다 잘하는 것도 많고 효율성이 높더라도 쉽게 산만해지고 동기를 잃기 쉽습니다. 아이의 하드웨어가 아무리 좋아도 책상에 앉아 지식을 머리에 넣을 자세를 갖추는 소프트웨어가 제대로 작동하지 않는 것입니다.

공부를 해야 하는 이유를 다시 생각해 보세요

꼭 공부를 해야 하는지 묻는 아이들이 있습니다. 부모님들도 그런 생각이 들 때가 있을 것입니다. 그럼에도 불구하고 학습을 포기하지 말아야 할 이유는 분명합니다.

우리는 공부에 대한 인식을 바꿔야 합니다. 공부는 좋은 성적을 받아 좋은 대학에 가기 위한 것만이 아닙니다. 공부를 잘하지 못해도 학습을 꾸준히 이어 나감으로써 배우는 것들이 있습니다. 하기 싫은 것도 참고 해내는 경험, 목표한 것을 이뤄보는 경험, 지쳐도 끝까지 해내는 경험은 아이가 삶을 대하는 태도와 건강한 삶을 살아가게 하는 좋은 습관을 가르쳐줍니다.

공부를 잘하지 못한다고 해서, 다른 길을 찾아주겠다고 해서 학습을 이어나가는 경험마저 하지 않게 된다면 어떨까요? 학생으로 살면서 배워야 할 건강한 생활 태도와 습관을 기르는 경험을 하지 못하게 됩니다.

ADHD가 있음에도 성공한 사람들이 있습니다. 그중에서 세계적인 수영 선수 마이클 펠프스의 ADHD 극복기는 여전히 회자되고 있습니다. 9살부터 수영을 시작한 마이클 펠프스는 2008년 방영된 EBS 〈다큐 10〉에서 말합니다.

"저는 오늘이 무슨 요일인지도 몰라요. 날짜도 모르고요. 저는 그냥 수영만 해요."

마이클 펠프스의 연습량은 누구보다 대단했다고 합니다. 매일 똑같은 시간에 수영장을 가서 몇 시간씩 수영만 했다고 합니다. 그 연습이 매일 즐거웠을까요? 하기 싫은 날도 있고, 뜻대로 잘되지 않았을 때도 있었을 것입니다. 그러나 세계적인 수영 선수가 되기까지 연습을 하기 싫은 날에도 수영장을 가고, 뜻대로 되지 않는 것을 더 열심히 연습했던 날들이 있었을 것입니다. 펠프스처럼 자신의 재능을 펼치기 위해서는 동기와 끈기, 자기조절능력이 꼭 필요한 요소입니다.

우리는 뛰어난 성적과 학습 자체를 목표로 두지 말아야 합니다. 학습은 수단일 뿐입니다. 자신이 원하는 일을 결국은 해내고 성취를 이루는 과정을 연습하는 것이 학습입니다. 아이들은 학습을 수단으로 활용하여 스스로 자신을 조절하고 관리하는 방법을 배우게 되는 것이죠.

건강한 습관과 태도라는 근력

우리 아이들은 무엇이 되기 위해 살아가는 것이 아닙니다. 우리는 아이가 어떻게 삶을 잘 살아갈까에 대한 고민을 해야 합니다.

우리나라는 어느새 성장률 1%대의 저성장 시대를 지나고 있습니다. 무엇을 해도, 아무리 노력해도 성공하는 것이 점점 어려워지고 있습니다. 통계청 국가통계포털(KOSIS)에 따르면 2023년 7월 기준 20대 고용률은 61.4%라고 합니다. 이 수치는 점점 하락하고 있죠. 일할 의지도 없이 교육, 고용, 훈련 등을 모두 거부하는 니트족이라는 신조어도 생길 정도입니다.

요즘 청년들은 부모 세대와 다른 시대를 살아가고 있습니다. 일자리도 줄어가지만 일하고 싶은 동기마저 줄어들고 있는 어려운 세대입니다. 반면, 부족한 것 없이 풍요롭고 행복해 보이는 SNS 속 다른 사람들의 모습에서 느끼는 위화감은 젊은 세대를 더욱 우울하게 만들기도 합니다.

우리 아이들은 끼니를 걱정하지 않아도 되는 물질적으로 풍요로운 시대에 살아가지만 정신적으로는 빈곤해지기 쉬운 세상에서 살아갑니다. 중학교에서도 우울증을 보이는 학생을 쉽게 찾을 수 있습니다. 따뜻한 가정에서 자라고 있어도 쉽게 우울감에 빠지는 경우를 보곤 합니다. 심한 경우 자해를 하기도 하고 스스로를 고립시키기도 합니다.

따라서 작은 목표라도 그것을 성취하고 자존감을 높이는 일은 매우 중요해졌습니다. 건강한 삶의 태도를 길러주는 것이 어느 때보다 더 필요한 것입니다. 새로운 세상이 닥쳐와도 적응하고 그 과정을 견뎌내는 정신적인 근력이 어느 때보다 중요해졌습니다. 정신적인 근력을 기르기 위해서는 학창 시절에는 학습만큼 좋은 도구가 없습니다. 학습을 통해 아이는 긍정적인 태도와 습관을 기르고 건강한 삶을 사는 방법을 익히는 것입니다.

2
아이의 학습,
루틴으로 만들면 쉬워집니다

학습을 루틴으로 만들면 공부가 쉬워집니다

우리 아이들의 학습을 어떻게 도와줘야 할까요? ADHD 아이들의 학습법은
달라야 합니다. 충동성, 과잉행동, 주의집중력 결핍이라는 특성은 분명 아이
의 학습에 핸디캡이기 때문입니다. 이러한 특성은 학습을 시작하는 것도 힘
들게 만들고, 지속해서 완료하는 것도 어렵게 만듭니다. 하지만 핸디캡을 극
복하는 방법이 있습니다. 그것은 바로 아이의 학습을 매일의 루틴으로 만들
어 자동화하는 것입니다.

우리는 아침에 일어나 세수하고, 밥 먹고, 양치하고, 출근하는 것을 깊이
생각하고 실행하지 않지요. 그냥 자연스럽게 할 뿐입니다. 이것이 바로 루틴
이고, 매일 하는 활동이 자동화된 것입니다. 그렇기에 시작하기도 쉽고 마치

기도 수월해지는 것이죠. 학습도 마찬가지로 루틴으로 만들어 자동화시킬 수 있습니다.

그러나 학습 루틴을 만들어 줄 수 있는 적기가 있습니다. 바로 부모의 영향력이 크게 미치는 7살에서 초등학교 저학년까지입니다. 초등학교 고학년부터는 점점 부모의 영향력에서 벗어나기 시작합니다.

초등학교 고학년만 돼도 부모가 하라는 대로 학습하지 않습니다. 이때부터는 자기주도학습을 본격적으로 시작해야 하는 이유입니다.

중학생이 되어서도 부모가 시키는 학원만 가고 자기 자신을 위한 공부를 하지 못하는 아이들은 결국 시간이 지나면서 학습 동기도 사라지고 학습량에 치여 공부를 포기하는 경우가 많습니다.

미국 최고의 자기계발 전문가 제임스 클리어의 《아주 작은 습관의 힘》에서 습관은 시간적 여유와 자유를 준다고 말합니다. 내가 잘하고 싶은 행동을 습관화하면 그 행동을 할까 말까 고민하는 시간을 아낄 수 있고, 고민하는 데 쓰는 에너지도 아끼게 된다고 합니다.

만약 우리 아이의 학습도 습관이 되면 '왜 공부를 해야 하지?', '지금 이걸 왜 해야 하는 거야?', '언제까지 어떻게 해야 하지?'와 같은 생각을 하는 데 시간과 에너지를 쓸 필요가 없어지는 것이죠.

우리 아이들에게는 분명 잘하고 싶은 마음이 있습니다. 그런데 ADHD 때문에 자꾸만 학습이 어려워집니다. 일단 주의력 전환이 잘되지 않아 학습을 바로 시작하기 어려워합니다. 부모님이 숙제를 시작하라고 해도 하던 놀이를 멈추지 못합니다. 매번 "5분만", "잠깐만"을 외치죠. 학습을 어렵게 시작해도 또 다른 일에 쉽게 산만해져 끝내지 못하는 경우도 있습니다.

학습을 왜 해야 하는지 학습 동기가 없는 아이들은 매일의 학습이 더욱 어려워집니다. 해야 할 일에 대한 개념보다 당장 하고 싶은 일을 우선하게 되어 자꾸 다른 길로 빠져있거나 해야 할 일을 잊어버리기 일쑤입니다.

그러나 학습을 습관화하여 루틴으로 만들면 '내가 왜 공부를 해야 하나?', '지금 다른 걸 하고 싶은데'와 같은 생각을 떨쳐버리고 자동으로 학습을 해낼 수 있게 됩니다.

학습의 자전거에 올라타라

학습 루틴을 만들면서 세모와 어려운 과정을 견뎌냈습니다. 그 과정을 겪으면서 느낀 점이 있습니다. 우리 아이들은 학습 루틴에 변화가 있으면 더 어려워한다는 점입니다. ADHD 아이들은 불안이 높은 경우가 많습니다. 불안이 높은 사람에게 변화는 스트레스가 될 수 있죠. 그래서 어느 정도의 통제는 안정감을 줍니다. 학습 루틴에 안정감을 느끼기 위해서는 변화무쌍한 학습 스케줄보다는 큰 변화가 없이 꾸준한 것이 좋습니다.

예를 들어, 해야하는 학습량이 100이라면 월요일, 화요일에 몰아서 50씩 하고 나머지 요일에 자유를 주는 것보다 월요일부터 금요일까지 20씩 나눠서 하는 것이 훨씬 효과적이었습니다. 또한, 방학 때 할머니 댁에서 자유로운 시간을 보내다가 다시 집에 와서 학습 루틴을 시작하려고 하면 굉장히 어려워했습니다. 양이 많지 않아도 숙제를 하는 것을 싫어했습니다. 다시 아이를 학습 루틴으로 데려오기 위해서는 3일 정도의 시간과 에너지가 불필요하게 다시 소비되곤 했습니다.

학습은 자전거 타기와도 같습니다. 첫 페달을 밟고 나아가는 것이 힘들어도 다음부터는 페달을 밟는지도 모른 채 신나게 달려가죠. 그렇지만 브레이크를 잡고 멈췄다가 다시 달리려면 또 힘을 들여 첫 페달을 밟고 나아가야 합니다.

처음에 매일 학습을 해내는 습관을 들이려면 낙담의 골짜기를 지나야 합니다. 《아주 작은 습관의 힘》에서 정체기라고 부르는 이 기간을 돌파할 때는 원하는 행동을 끝까지 반복하여 습관이 될 때까지 유지해야 한다고 합니다. 부모와의 실랑이, 협박과 협상의 말들이 오가기도 할 것입니다. 그러나 낙담의 골짜기를 통과하면 아이는 드디어 자동으로 책상에 앉아 고민 없이 매일의 학습을 해내는 모습을 보여줄 것입니다. 세모는 가끔 아침에 일찍 일어나는 날에 그날의 숙제를 미리 다 끝내버리기도 합니다. 쉬지 않고 매일 학습을 실행하여 학습 루틴을 만든 결과입니다.

이렇게 힘든 정체기를 겪고 나면 학습 루틴은 어느 정도 궤도에 들어서게 됩니다. 일단 아이가 첫 페달을 밟고 학습이라는 자전거에 올라탔다면 자동으로 학습을 하는 길에 들어선 것입니다. 중간에 멈추지만 않는다면 오르막도 쉽게 올라가며 가끔 만나는 내리막의 짜릿함도 느낄 수 있겠죠.

세모의 학습은 자전거 타기처럼 매일매일 이루어지고 있습니다. 아이가 매일 하는 것이 힘들고 지친다면 학습량을 줄여야 하는 문제이지 학습을 멈춰야 할 일은 아닙니다. 여행을 가도 방학에 할머니 댁을 가도 이제는 숙제를 가져갑니다. 당연히 매일 하는 것이기 때문에 아이는 큰 스트레스를 받지 않습니다. 이미 학습이라는 자전거를 타고 편하게 달리고 있기 때문에 달리 큰 에너지가 쓰이지 않기 때문입니다.

아이가 학습을 버거워할 때는

혹시 아이가 공부를 하려고 하면 힘들다고 징징대거나 심지어 울기까지 하나요? 그럼 그 이유가 무엇인지 잘 살펴보기 바랍니다. 너무 어려운 내용이거나 공부량이 많아서 일수도 있습니다.

세모도 학습지 풀기를 힘들어하며 눈물을 보인 적이 있습니다. 매일 5장씩 풀기로 했는데, 그 양이 세모의 적정량이 아니었던 것입니다. 그래서 전략을 바꿔 매일 1장씩 풀기로 바꿨습니다. 1장의 학습지를 매일 풀고 세모는 매일 해야 할 학습을 완료했다는 성취감이 생겼습니다. 5장은 끝내기도 너무 어렵고 집중력을 유지하기도 어려워서 학습 자체를 싫어하도록 만들었습니다.

사람은 자신이 잘할 수 있다는 자기효능감이 생기기까지 시간이 걸립니다. 운동이든 악기든 처음에는 아이가 "나 안 할래"라고 외칠 것입니다. 그 말을 곧이곧대로 들으시면 안 됩니다. 사실 아이의 말속에는 '저는 잘하지 못할 것 같아요', '어려워 보여요', '재미없어 보여요'처럼 회피하고 싶은 불안감이 있습니다.

그러므로 자기효능감이 생길 때까지는 부모가 학습을 도전할 만한 과제로 만들어줘야 합니다. 학습지 1장 풀기에 성공하고 다음에는 2장 풀기에 도전하게 했습니다. 그리고 2장 풀기에 익숙해진 이후, 세모에게 물었습니다. "세모에 3장 풀기에 한번 도전해 볼래?" 세모에게 학습 결정권을 준 것입니다. 이럴 때 충동성은 강점이 되기도 합니다. 우리 아이들은 도전 정신이 많거든요. 아이가 다음 단계마저 잘 해낸다면 아이의 자신감과 자기효능감은 더욱 커지고 매우 뿌듯해할 것입니다.

그렇게 세모는 매일 1장부터 시작하여 지금은 매일 3장의 학습지를 풀고 있습니다. 1부터 100까지 숫자 쓰기로 시작했던 학습지는 네 자릿수 나누기 두 자릿수 연산까지 가능해졌습니다. 약효가 사라지는 저녁 7시에 학습지 선생님이 방문해도 세모는 책상에 앉아 학습지를 3~5장씩 풀어냅니다.

매일의 학습 루틴을 만들 때, 아이가 버거워한다면 양을 줄여주거나 수준을 낮춰주면 됩니다. 절대 학습을 멈춘다는 선택지는 없습니다. 가끔 부모님들이 "하기 싫으면 하지 마!", "그렇게 징징댈 거면 하지 마!"라는 식으로 아이의 학습 의지를 꺾는 경우가 있습니다. 잊지 마세요. 아이들은 잘하고 싶은 마음이 분명히 있다는 것을요. 단지 공부가 왜 힘들고 하기 싫은지 제대로 표현하지 못할 뿐입니다. 이럴 때 부모의 코칭이 필요합니다. 아이가 낙담의 골짜기를 잘 극복할 수 있도록 함께 도와주세요.

하기 싫은 일이 잘하는 일이 되려면?
외적 동기를 이용하세요

여러 자녀교육서에서는 학습 자체에서 느끼는 재미의 즐거움 같은 내적 동기의 중요성을 강조합니다. 아이에게 보상을 주는 외적 동기 유발은 교육적이지 않다고 하죠. 수학 숙제를 하면 간식을 주는 것처럼 상호 관계가 없는 보상을 주면 보상이 사라졌을 때 학습을 하지 않게 된다는 것입니다.

그렇다면 외적 동기는 절대로 안 된다는 말일까요? 아이들은 처음 배우는 것에 대한 거부감이 있습니다. 특히, 불안이 높은 아이들은 자기가 틀릴까 불안해서 시작조차 하기 싫어합니다. 하기 싫은 일이 좋아지고 잘하는 일이 되기까지는 시간과 노력이 필요합니다. 그 과정에서 눈에 보이는 보상과 같은 외적 동기는 아주 효과가 좋습니다.

과제 자체에서 즐거움을 느끼는 것이 내적 동기입니다. 세모는 자신이 수학을 잘한다는 자기효능감이 높아지면서 비로소 수학에 대한 내적 동기가 커지기 시작했습니다. 밤늦게까지 수학 문제를 풀거나 연산식을 끼적이면서 노는 게 취미가 될 정도로 수학을 좋아하게 되었습니다.

하지만 영어나 독서 등 본인이 하고 싶지 않은 학습은 내적 동기를 얻기가 힘들었습니다. 하기 싫어도 해야 할 학습을 일단 시작하게 만들고, 잘할 때까지 꾸준히 배우고 학습하도록 하기 위해 외적 동기를 이용해야 했습니다.

매일 국어, 영어, 수학, 독서 이 4가지 숙제를 마치면 스티커를 붙여주기 시작했습니다. 그리고 매달 초에 세모와 함께 외적 보상으로 무엇을 받을지 2~3만 원 범위의 선물을 정하였습니다. 하루라도 빼먹는 날에는 선물을 주지 않았습니다.

물론, 처음에는 한 달을 채워 선물을 받는 것에 힘들어했습니다. 그렇기에 나이와 상황에 맞춰 천천히 나아가야 합니다. 처음에는 1주일 단위로 몇천 원 내외의 선물, 그다음에는 보름, 한 달 식으로 외적 동기 보상 시스템이 정착할 때까지 많은 실랑이를 견뎌내야 합니다.

이렇게 매일의 학습으로 얻은 외적 보상이 품에 안기는 순간, 아이는 보상 시스템을 깨닫게 됩니다. 자신이 매일 하기 싫어도 참고 해냈던 경험이 주는 즐거움과 성취감을 말이죠. 그렇게 흥미도 없고 힘들었던 과제들도 꾸준히 해내다 보면 결국 잘하게 됩니다.

특히, 자신이 잘한다는 인식과 자기효능감도 높아지죠. 학습이 재미있어집니다. 학습이 재미있어지면 내적 동기도 생기기 시작합니다. 내적 동기가 생기면 나중에는 외적 동기가 없어도 꾸준히 해내게 됩니다.

학습의 마무리는 항상 아름다워야 합니다

학습 루틴을 유지하는 데 중요했던 것은 아이가 오늘의 할 일을 마치고 기분 좋은 피드백을 받는 것이었습니다. 엄마의 포옹이나 달콤한 간식, 엄마를 독차지하는 시간 등 학습을 마친 후 아이와의 마무리는 항상 아름다워야 합니다.

"세모, 이거 왜 틀렸어? 다 맞을 수 있었는데 실수를 했네"처럼 우리는 아이가 과제를 마치면 틀린 것을 찾는데 익숙합니다. 숙제 검사는 아이가 뭘 모르고 틀렸는지 점검하는 시간이 아닙니다.

ADHD 아이에게 가장 필요한 것은 자신이 시작한 일을 잘 완료했다는 작은 성공의 경험입니다. 작은 성공이 매일 쌓이다 보면 학습을 두려워하지 않게 됩니다. 불안해하지 않게 되지요. 그렇기에 아이의 학습을 얼마나 했는지 잘 했는지 그런 것들에 집중하지 마세요. 언제나 완료했다는 성취감, 그 작은 성공 경험을 학습의 목표로 삼으세요. 더 중요한 것은 학습에 대한 태도, 공부에 대한 긍정적인 정서를 귀하게 여기며 칭찬하는 것입니다.

"세모야, 오늘 처음 시작할 때는 집중이 안 돼서 힘들어 보였는데, 그걸 이겨내고 이렇게 해야 할 일을 다 했네. 이건 정말 대단한 거야. 엄마도 못 할 때가 많거든. 매일매일 하다 보니 이렇게 나눗셈까지 척척하는 것을 봐. 정말 칭찬해. 너무 기특해. 우리 내일도 잘해보자!"

3

아이의 학습,
이런 것이 어렵습니다

시작이 어려운 아이들

세모의 학습이 자동화되기까지는 대략 6개월이 걸렸습니다. 1년이 지난 지금은 약효가 사라지는 저녁 시간에도 매일 해야 할 학습을 마치고 잠에 듭니다. 아침 일찍 일어나는 날에는 종종 자신의 책상에 숙제를 미리 해놓고 저에게 자랑하는 경우도 있습니다. "엄마, 나 너무 대견하지 않아?"라고 말하는 세모를 보면 그동안의 과정이 절대 헛되지 않았음을 느낍니다.

매일의 학습을 습관화하는 과정에서 만날 수 있는 어려움은 무엇이 있을까요? 어떻게 극복하는 것이 좋을까요?

우리 아이들은 하던 일을 멈추고 다음 과업으로 주의력을 전환하는 것에 어려움이 많습니다. 세모에게 "밥 먹으러 와"라고 말하면, 바로 "알았어요"

하고 식탁에 앉는 일이 없습니다. 항상 "5분만!", "이것만 끝내고 갈게!"라고 합니다. 그리고 5분이 지나도 밥을 먹으러 오지 못합니다.

학습도 주의력 전환이 어려워 항상 시작이 어렵습니다. 학원을 마치고 집에 돌아오면 장난감도 갖고 놀아야 하고 동생하고 장난도 쳐야 하는 등 눈에 보이는 재미있는 일들 때문에 해야 할 과제를 잊어버립니다. 결국, 엄마의 잔소리와 숫자 세기를 하고 나서야 후다닥 책상에 앉아 과제를 시작하죠.

이런 불필요한 에너지를 아끼고 아이가 학습을 바로 시작하도록 도와주기 위해서는 쉽게 시작할 수 있는 환경을 만들어 주어야 합니다.《아주 작은 습관의 힘》에서는 습관화를 할 때 특정 행동을 쉽게 할 수 있는 환경을 만들어야 한다고 주장합니다. 노력은 최소로, 성과는 최대로 만들어 주는 방법입니다.

일단, 책상에는 오로지 오늘 공부할 과제들과 필요한 필기구만 있어야 합니다. 그리고 과제와 필기구는 항상 같은 자리에 있어야 합니다.

세모는 매일 해야 하는 국어, 수학, 한자 학습지를 한 바구니에 넣어둡니다. 세모가 책상에 앉아 손만 뻗으면 바로 꺼낼 수 있는 장소에 두고 있습니다. 매일 해야 하는 숙제가 항상 바구니에 놓여있으니 '오늘 숙제가 뭐지? 필기구는 어디 있지?' 생각하는 데 시간과 집중력을 낭비하지 않을 수 있죠. 이를 위해 매일 자기 전에 책상을 정리하도록 저녁 루틴을 짭니다. 내일의 학습을 쉽게 시작하도록 환경을 리셋하는 것입니다.

두 번째, 학습을 방해하는 장난감 등은 아이의 시선 밖에 두도록 합니다.

세모의 장난감은 모두 세모의 책상 등 뒤로 배치했습니다. 주의력이 쉽게 분산되고 집중력이 오래 가지 않는 아이들을 위해서는 해야 하는 과제만 눈에 보이도록 환경을 만들어 줍니다. 방해 요소들은 시선에 닿지 않게 하여 주의력이 흩어지지 않도록 도와주는 것입니다. 놀이방과 공부방을 분리하는 것도 좋은 방법입니다.

세 번째, 매일 같은 장소 같은 시간에 학습을 시작하도록 습관화합니다.

세모는 저녁밥을 먹고 나면 타이머를 맞추고 영어 영상을 보며 쉽니다. 그리고 타이머가 울리면 영상을 끄고 숙제를 시작합니다. 이 순서를 매일 반복하다 보면 '타이머 울리기→영상 끄기→책상에 앉아 수학 학습지 시작'이라는 루틴이 자동화됩니다.

물론 중간에 거실로 나와 놀려고 할 때도 있고 주의력 전환이 어려울 때도 많습니다. 약효가 사라진 후의 학습이기에 더 어렵습니다. 그러나 루틴을 매일 같은 시간에 반복하기에 학습을 시작하는 데 걸리는 시간은 점점 짧아지고 있습니다. 같은 장소 같은 시간에 매일 학습을 반복하면 우리의 뇌는 자동으로 그 시간이 되면 학습을 해야 한다는 신호로 받아들입니다.

네 번째, 중독성이 있는 TV, 유튜브, 게임 등은 평일에 금지합니다.

유튜브와 게임이 중독성이 있다는 것은 모두 알고 있습니다. 하지만 TV는 왜 중독성이 강할까요? 부모 세대가 보던 TV와 요즘 TV는 다릅니다. 옛

날에는 편성표에 따라 정해진 시간에만 해당 프로그램을 볼 수 있었습니다. 그러나 요즘에는 원하는 프로그램을 언제든지 찾아서 볼 수 있습니다. 원하는 만화 시리즈를 처음부터 끝까지 한 번에 볼 수 있는 것입니다.

이렇게 중간에 끊기 힘든 것들은 평일에 제한하는 것을 권합니다. 주의집중력이 약한 아이들은 중간에 멈추는 것을 더욱 어려워합니다. '아, 이 장면 보고 숙제해야지', '친구들과 함께 게임 중이라 나갈 수 없는데' 등 이런 내적 갈등으로 평일의 학습 루틴이 깨지기 쉽습니다. 아예 평일에는 TV, 유튜브, 게임이 안 되는 것으로 알고 있으면 오로지 학습에 집중하기 쉬워집니다.

시작이 어려운 ADHD 아이들도 시작하기 쉬운 환경만 주어진다면 매일의 학습을 잘 해낼 수 있습니다. 매일의 학습으로 매일 성취를 이루는 아이로 키워보세요.

중간에 자꾸 쉬고 싶어 하는 아이들

"엄마, 나 수학 다했는데, 잠깐 놀다가 국어 할게."

"세모야, 이제 충분히 놀지 않았어? 언제 국어 시작할 거야?"

"아, 나 이것만 한 번 더 하고."

우리 아이들은 집중 시간이 상대적으로 짧습니다. 약효가 사라진 저녁 시간에 공부는 더 집중하기 힘겨워합니다. 그럴 때면 자꾸 해야 할 것을 하나만 찔끔하고 다시 다른 놀이에 푹 빠져버립니다. 다음에 해야 할 학습을 잊어버린 채 밤이 깊어져 가기도 합니다.

《원씽》이라는 책에서는 "새로운 작업을 시작하거나 그만두었던 일을 다시 시작하는 데에는 언제나 시간이 걸린다"라고 말합니다. 본래 하던 일을 하다가 잠시 다른 일을 하면 작업을 전환하는 데 집중력 방해가 일어나고 다시 본래 일로 돌아가려면 방향 재조정을 다시 해야 해서 시간이 낭비된다고 합니다.

한 마디로 주의력 전환도 어렵고 집중력도 부족한 우리 아이들에게 학습 중간에 잦은 휴식은 오히려 시간을 배로 들게 한다는 것입니다. 이런 문제를 해결하려면 어떤 방법이 좋을까요?

첫 번째, 휴식 시간도 타이머로 제한합니다.

약효가 사라진 시간에 학습을 하는 아이를 보면 집중력을 유지하는 것을 정말 힘겨워합니다. 그럴 땐 휴식이 필요하지요. 자꾸 버퍼링이 일어나 생각이 멈춰있는 상황에서 학습을 계속한다는 것은 너무 괴로운 일이거든요.

대신 휴식 시간도 타이머로 시간을 제한하는 것이 좋습니다. 5분이나 10분 정도를 타이머로 맞춰두고 타이머가 울리면 다시 책상에 앉도록 합니다. 이것도 처음에는 어려워합니다. 그러나 '타이머가 울린다→ 책상에 앉는다 → 문제를 바로 푼다'와 같은 행동 루틴을 계속 반복하면 점점 자동으로 몸이 움직이게 됩니다.

두 번째, 매일의 학습을 과목별로 따로 하지 않도록 합니다.

만약 국어, 영어, 수학을 매일 학습한다면 과목별로 따로 학습하게 하지 마세요. 주의력 전환이 어려운 아이들에게 잦은 휴식은 가장 어려운 학습의 시작을 반복하는 일입니다. 그리고 부족한 집중력을 키워주기 위해서라도 학습을 최대한 한 덩어리로 인식하도록 훈련해야 합니다.

세모도 처음에는 국어를 끝내면 잠깐 쉬고, 수학 공부를 하고 만화를 좀 봤다가 다시 영어 숙제를 하곤 했습니다. 이렇게 하면 국어를 끝내고 길게 휴식을 하고 수학을 시작하기 전에 저와 실랑이를 한번 하고, 또 수학을 끝내고 만화를 보다가 잔소리를 듣고 영어를 시작해야 했지요. 하지만 지금은 국어와 수학을 한 번에 하고 영어도 바로 시작하도록 격려하고 있습니다.

"세모야, 해야 할 일을 한 번에 쭉 이어서 하는 게 어렵지? 어려울수록 자꾸 도전해야 해. 그래야 점점 쉬워져"라고 세모의 도전 의식을 살짝 건드려 보기도 합니다. "엄마, 나 바로 시작했는데? 별로 안 어려운데, 한 10초도 안 걸린 것 같아"라며 다음 학습을 바로 시작하는 것에 뿌듯함을 느끼기도 합니다. 이렇게 중간 휴식 없이 학습을 한 덩어리로 인식하도록 도와주니 집중 시간도 길어졌습니다.

새로운 학습을 시작하는 게 두려운 아이들

《아주 작은 습관의 힘》에서 제임스 클리어는 "새로운 습관을 시작할 때, 그 일을 2분 이하로 하라"라고 말합니다. 자신이 습관으로 만들고 싶은 행동을 2분 이하의 목표로 세우면 그 일을 매일 하기 쉬워진다는 것입니다. 예를 들어, '책을 읽어야지'라는 다짐도 '매일 한 페이지를 읽어야지'처럼 2분 이내에 할 수 있도록 만드는 것이죠. 일단 시작하면 그 일을 지속하는 것은 훨씬 쉬워지기 때문입니다.

이처럼 아이의 학습에서 어려운 단계로 업그레이드하거나 새로운 과목을 시작할 때는 2분 규칙을 적용하면 쉬워집니다. ADHD 아이들은 부주의함으로 인한 잦은 실수로 자신이 잘하지 못할까 봐 불안해합니다. 어려운 문제나 새로운 과목의 학습을 피하고 싶어 하죠. 이때 새로운 과제도 2분 안에 해낼 수 있는 과제로 만들어 주면 아이는 도전을 피하지 않습니다.

부모는 과제의 양이나 진도에 집착합니다. 부모가 양이나 진도에 집착하면 아이는 학습에 거부감을 느낄 수밖에 없습니다. 예를 들어, 세모는 국어 학습지를 너무 힘들어했습니다. ADHD 때문에 점점 길어지는 장문의 글을 읽고 이해하는 것이 어려웠기 때문이죠. 이렇게 어렵다고 회피하게 되면 점점 국어라는 과목을 거부하게 될 것 같았습니다.

세모는 자신 있어 하던 수학 숙제는 큰 불만 없이 열심히 했습니다. 하지만 싫어하던 국어 학습은 2분 규칙을 적용해야 했습니다. 국어 학습지를 처음에는 하루에 1장씩만 하게 했습니다. 그리고 1장 반, 2장 이런 식으로 아주 천천히 양을 늘려갔지요.

세모는 항상 '내가 이 과목은 잘해'라는 마음이 들기까지 시간이 걸렸습니다. 일단 아이들은 자신이 잘한다는 인식을 갖게 되면 그 과목의 학습을 매일 즐겁게 해낼 수 있습니다. 그 마음이 들기까지는 부모의 도움이 필요합니다. 새롭거나 어려운 과제를 두려워할 때는 그 일을 2분 내로 끝낼 수 있도록 도와주세요. 아이들에게 부담이 적은 과제는 도전하고 싶은 마음이 들게 합니다. 완료했을 때 성취감을 느끼기도 쉽고요.

4
아이의 학습에서
가장 중요한 것은 언제나 끝맺음

결승선 깃발이 너무 멀리 있다면

매일의 학습에서 가장 중요한 것은 항상 끝맺음을 경험하게 하는 것입니다. 성공하는 사람들의 비법을 다룬 자기계발서를 읽다보면 결국 그들이 성공을 얻어내는 비법은 하기 싫은 순간과 마주쳐도 끈기 있게 끝까지 해낸다는 데 있었습니다. 목표한 바가 생기면 중간에 흥미를 잃어도 한 번 더 노력해야 합니다. 지쳐도 목표한 지점까지 끝까지 해내는 것이 무엇보다 중요합니다.

우리 아이들은 공부와 같이 꾸준히 노력하여 성취하는 활동보다 즉각적인 보상을 주는 게임, 유튜브와 같은 것을 더 선호합니다. 미래의 결과에 대해 생각하는 신중함보다 지금 당장 즐거운 일을 해야 직성이 풀리는 충동성도 강하지요. 매일 꾸준히 해야 하는 학습은 아이들에게 너무 지루한 일입니다. 지루하고 흥미가 없는 일은 자꾸 미루고 싶어 합니다.

"세모야, 앉아 봐. 수학 3장 풀어야지. 이것도 안 하면 학교에서 계속 뒤처질 텐데 어쩌려고 그래."

아이에게 학습을 시키면 아이는 앉아서 공부하는 척 합니다. 연필을 대충 잡고 온몸을 오징어처럼 꼬면서 공부가 세상에서 제일 재미없는 것이라는 말을 온몸으로 표현하죠. 시간은 흘러가고 엄마는 소리를 지릅니다.

아이는 힘들게 시작을 하지만 끝내지 못합니다. 이런 상황에서 가장 슬픈 사실은 아이에게도 분명 잘하고 싶은 마음이 있다는 것이지요.

아이들은 매일 학습을 해도 자신에게 어떤 보상이 있는지 잘 알지 못합니다. 결승선이 너무 멀리 있는 것 같이 느껴지는 것이죠. 만약 누군가 우리에게 "저 산이 정말 멋지다고 해요. 정상까지 올라가 볼까요!"라고 제안한다면 어떨까요? 평소 산을 좋아하지 않는다면 시작조차 하고 싶지 않을 것입니다. 가봤자 힘들 것 같고 정상에서 바라보는 풍경이 얼마나 좋을지 보상에 대한 생각도 잘 들지 않습니다.

아이에게 매일 공부를 열심히 하면 좋은 대학에 가서 원하는 직업을 가질 수 있을 거라고 미래의 보상에 대해 이야기하지만, 아이에게는 그 보상이 전혀 와닿지 않습니다.

너무 멀리 있는 결승선의 깃발을 자꾸 강조하지 마세요. 대신 결승선으로 가는 길에 작은 깃발들을 하나하나 놓아주기 바랍니다. 아이는 그곳에 도달했다는 것에 비로소 성취감을 느끼고 끝맺음을 경험할 수 있습니다. 이것이 매일 학습의 단기 목표가 되는 것입니다.

끝맺음을 경험하게 하는 방법은 여러 가지가 있습니다. 난이도가 너무 어려울 때는 수준을 낮춰줌으로써, 양이 너무 많을 때는 양을 줄여줌으로써 하루의 과제를 반드시 완료하도록 해줍니다. 시작한 일을 완성하기 어려워하는 아이에게 '너도 노력하면 꼭 끝맺을 수 있다'라는 메시지를 심어줘야 합니다. '나는 한번 시작하면 아무리 지쳐도 포기하지 않고 끝까지 해내는 사람'이라는 정체성을 길러주는 것입니다.

심판이 아니라 페이스 메이커가 되세요

여기서 부모의 역할이 중요합니다. 우리는 결승선에서 아이를 기다리는 심판이 아닌, 페이스 메이커(Pace Maker)가 되어야 합니다. 페이스 메이커는 육상이나 수영과 같은 장거리 스포츠에서 경기에 참여한 선수를 위해 속도를 맞춰주면서 함께 달려주는 보조자를 말합니다.

우리는 아이가 끝맺음을 힘들어 할 때, 중간에 포기하고 싶을 때, 격려해주는 페이스 메이커가 되어야 합니다. 때로는 부추기며 끌어주는 그런 역할을 해야 합니다. 그렇게 중간중간에 놓여있는 작은 깃발들을 성취하도록 하고 아이와 함께 하이파이브를 하며 작은 미션들을 클리어한 성취감을 느끼도록 도와주는 것입니다.

심판 역할을 하는 부모는 아이의 성취를 망칩니다. 심판 역할을 하는 부모는 아이가 또래보다 얼마나 잘하는지 비교하고, 아이가 과제를 얼마나 잘하고 틀렸는지 판단합니다. 결국엔 아이들이 학습에 질리도록 만듭니다. 아이들이 초등학교 고학년만 되어도 주변에서 학습에 관한 여러 이야기가 들려옵니다.

"동글이는 대형학원 탑반에 들어갔대, 육각이는 벌써 중학교 수학을 끝냈다는데? 그래야 과학고에 도전할 수 있대."

이런 말들에 흔들리지 마세요. 우리 아이는 동글이도 육각이도 아닙니다. 다른 아이들은 자신만의 길을 가는 겁니다. 우리 아이도 자신만의 길이 분명히 있습니다.

우리 아이들의 학습에서 중요하게 여겨야 할 것은 무엇일까요? ADHD가 있음에도 불구하고 하루의 해야 할 일을 다 해냈다는 것입니다. 얼마나 선행을 많이 했고, 얼마나 특출난 지가 중요한 것이 아닙니다. 아이가 포기하지 않고, 지치지 않고, 오늘의 단기 목표를 달성했다는 그 끝맺음을 더 대견하게 생각하고 아이 스스로가 자랑스럽게 느끼도록 해야 합니다.

우리는 심판이 아닌 페이스 메이커가 되어야 합니다. 오늘도 아이가 ADHD를 이겨내고 오늘의 단기 목표를 성취한 값진 끝맺음에 감탄해주세요.

단기 목표를 성취하면서 레벨 업 시키는 비법

초등학교 2학년이 되면 곱셈을 배우기 시작합니다. 그런데 아이는 매일 1학년 수준의 덧셈과 뺄셈 문제만 풀려고 합니다. 끝맺음을 경험하게 하는 매일의 학습도 중요하지만, 아이들은 새로운 과제나 더 어려운 난이도로 성장해야 할 때가 있습니다.

끝맺음을 경험하면서도 아이의 학습을 레벨 업 시키는 방법은 천천히 접근하는 것입니다. 일단, 우리 아이들에게 또래 아이들의 학습 능력치 기준으로 비교하지 말아야 합니다. 조금은 구멍이 여기저기 난 과제라도 끝마쳤다면 칭찬을 해줍니다.

"세모야, 처음에는 다 어려워. 그것을 도전하고 끝마치는 게 제일 중요해. 우리 오늘은 두 자릿수 곱하기 두 자릿수를 처음 시작했기 때문에 분명 틀릴 수 있어. 그런데 그것보다 중요한 것은 네가 도전했다는 것과 어려워도 끝까지 해냈다는 거야."

실수가 있어도 끝마치는 것에 익숙해졌다면 이제 학습의 질에 집중해 봅시다. 틀리는 횟수를 3개에서 2개, 2개에서 1개로 줄이도록 도와줍니다.

"세모야, 3 곱하기 3을 해야 하는데, 자꾸 3 더하기 3으로 계산해서 틀리고 있네? 이번에는 실수하지 말고 해보자."

레벨 업 과제를 거부감 없이 시작하고 이렇게 오답을 줄였다면, 다음으로 학습의 양을 늘려봅니다.

"세모야. 곱셈 B 단계도 잘하는 것 같은데 학습지 2장에서 3장으로 업그레이드해 볼까? 도전?"

아이가 도전할 준비가 되었다면 양을 늘려봅니다. 이렇게 양을 늘리고 나서도 끝까지 잘 마쳤다면 그것에 대해 칭찬을 해줍니다.

2장에서 3장으로 늘리고 나서 끝까지 잘 해내면 그땐 다시 학습의 질에 집중하도록 합니다. 이런 식으로 '적당한 학습량→실수가 있지만 잘 마침→실수를 줄이도록 학습의 질에 집중→실수가 거의 없다면 학습량을 늘림→학습량이 늘어도 잘 마침→실수 줄이도록 하기→실수 줄어들면 다시 학습량 늘리기'를 반복합니다.

이렇게 장기 목표를 세운 후, 단기 목표로 쪼개서 아이의 학습을 돕는다면 분명 아이는 더 수월하게 목표를 이루며 성장할 것입니다.

5

책이 왜
싫은 것일까?

독서를 힘들어 하는 아이

"그래서 무슨 내용이야?"

"몰랑?!"

아이가 책을 읽고나서 항상 하는 말입니다. 우리 아이들은 주의집중력이 약하다 보니 글의 내용을 쉽게 잊어버립니다. 책을 읽으라고 하면 아이는 소리 내 읽기는 합니다. 그러나 내용을 머릿속에 넣기는 어려워합니다. 그럴 때면 부모는 초조해지기 시작합니다. 주변에서는 ADHD 아이를 키우는 부모의 속도 모르고 불안감을 쿡쿡 건드립니다.

"공부 잘하는 애들은 책을 많이 읽었대, 책을 많이 읽혀줘야 해."

"도서관에 매일 가야지. 엄마가 노력하면 아이는 책을 읽게 돼 있어."

이런 말들을 듣고 나면 부모는 집에서 아이를 붙잡고 호소합니다. 우리의 불안감 때문에 아이에게 요구하는 것이죠.

"세모야, 책 읽어야지. 공부 잘하려면 책을 읽어야 해."

"아, 이것만 하고."

"30분 타이머 맞춰. 책 읽을 시간이야."

"알았어. 나 뭐 읽어?"

"네가 골라봐."

아이는 제일 읽기 쉽고 짧은 책을 고릅니다. 그렇게 겨우 앉혀놓고 책을 읽게 만들어 봅니다. 5분이 지나면 아이는 "다 읽었어"라고 합니다. 그 많은 활자를 이렇게 빨리 읽어낸 것일까요?

"그래서 무슨 내용이야?"

"몰랑?!"

"책을 읽었는데 무슨 내용인지 모른다고? 그건 읽은 게 아니잖아!"

"아, 읽었으면 됐잖아. 내용이 기억 안 나는 걸 어떻게 해!"

"그게 무슨 독서야! 독서를 안 하면 수학도 못 하고 공부하기 힘들어."

우리 아이들에게 독서란 항상 지겹고 즐겁지 않은 활동입니다. 주의력, 집중력이 약한 아이에게 만화도 아니고 글을 읽으라고 하기 때문입니다. 읽기는 가능할지 몰라도 이해를 바라기는 어렵습니다. 독후감은 언감생심이죠. 쓰기야말로 자신의 뇌 속에 떠다니는 생각을 적어내야 하는데 천천히 한 글자씩 써 내려가는 활동을 하기는 더 쉽지 않기 때문입니다.

부모가 되고 나면 아이의 책 읽기에 관한 다양한 자녀교육서를 읽게 됩니다. 그 많은 자녀교육서를 읽고 느낀 점은 첫째, 세상엔 참 훌륭한 엄마들이 많다는 것과 둘째, 독서를 안 시키면 아이의 성적이 낮아지고 모범적이고 우수한 학생이 되지 못할 것이라는 불안감이었습니다.

하지만 그 어떤 훌륭한 조언도 저와 세모에겐 적용되지 않았습니다. 세모는 ADHD 진단을 받은 아이였고, 독서를 하자고 할 때마다 계속되는 실랑이로 관계만 나빠질 뿐이었습니다.

책은 과제가 아닙니다

ADHD 아이를 키우는 엄마로서 이미 버거운 육아에 ADHD를 덤으로 감당해야 했습니다. 외롭고 힘든 마음을 위로해주는 것은 책뿐이었습니다. 사람을 만나도 아이의 ADHD를 터놓고 말하지 못하고, 매일 맨몸으로 부딪혀 받아내는 세모의 증상을 해독할 수 있는 시간이 오롯이 책을 읽는 시간이었기 때문입니다. 매일매일 책을 읽으면서 깨달았습니다. 독서가 무엇인지, 책이 무엇인지 완전히 잘못 생각하고 있었다는 것을요.

책은 공부를 위한 것도 아닌, 육아를 위한 것도 아닌, 바로 나 자신을 위해 읽는 것이었습니다. 책을 펼치면 작가와 독대하는 기분이 들었습니다. 머릿속을 떠다니는 내 생각과 감정을 쉬운 말로, 때로는 수려한 문장으로 표현해주는 작가들을 매일 만날 수 있었죠. 내 생각이 틀린 게 아니라고, 내 기분이 틀린 게 아니라고 말해주는 책들 덕분에 매일 위로받을 수 있었습니다. 이렇게 독서로 성장하면서 그동안 아이에게 독서에 대한 잘못된 인식을 갖고 책육아를 하려고 했다는 것을 깨달았습니다.

독서는 과제가 아닙니다. 책은 영혼을 채워주는 영양제처럼 인생에서 함께 하는 친구여야 합니다. 특히, ADHD 때문에 관계 맺기가 어려운 아이들에겐 책을 읽는 습관이야말로 엄마가 위로해주지 못하는 수많은 시간을 함께해 줄 선물이 될 것입니다.

책을 친구로 만드는 방법

책과 친해지게 해주는 것은 우리 아이들에게 평생 친구를 만들어주는 일입니다. 그렇다면 아이들이 책과 친구가 되게 하려면 어떻게 하면 될까요?

첫 번째, 독서 시간을 루틴에 넣으면 과제처럼 느끼지 않을 수 있습니다. 주의력 전환이 어려운 아이들에게 습관화는 효과적입니다. 주의력을 전환하는 데 에너지를 쓰는 대신 효율적으로 독서 시간을 확보할 수 있기 때문입니다. 독서 루틴이 습관화되면 '왜 책을 읽어야 하지?', '책 안 읽고 다른 거 하면 안 되나?'와 같은 생각을 하며 시간을 낭비하지 않게 됩니다.

이렇게 매일 잠자리 독서를 루틴으로 정하는 것입니다. 세모와 책상에서 같이 책을 읽는 시간도 있지만, 잠자리에서 함께하는 독서는 절대 빼먹지 않으려고 합니다. 평일에는 30분, 주말에는 1시간 정도 잠들기 전 독서를 루틴에 넣었습니다. 매일 하기 때문에 "오늘은 뭐 읽어요?"라고 묻기도 하고, 자기가 보고 싶은 책을 골라오기도 합니다. 이때, 쉬운 책을 골라와도 일단 자기 전에 책을 편 것에 칭찬을 꼭 해줘야 합니다. 습관이라는 것은 일단 정해진 시간에 정해진 장소에서 '책을 펴는 행위'부터가 시작이기 때문입니다.

두 번째, 책을 읽는 환경은 따뜻하고 아늑한 환경으로 만들어 주세요.

우리 아이들에게 주변 환경은 집중력을 위해 매우 중요합니다. 책은 아늑하고 따뜻한 것이라는 이미지를 아이의 뇌리에 심어주는 것이죠. 엄마나 아빠가 자기 전에 품에 앉혀놓고 읽어주기도 하고, 아빠의 어깨에 기대어 이야기를 듣는 경험은 아이에게 독서가 편안한 것이라는 느낌이 들게 합니다.

혼자 하면 외로운 독서가 부모의 따뜻한 품, 아늑한 침대에서 하면 기분 좋은 일이 됩니다. 책을 보면 사랑하는 엄마의 품, 잔잔한 아빠의 목소리가 떠오르길 바라는 마음으로 환경을 만들어주길 바랍니다. 아이는 엄마, 아빠와 함께하는 시간이 좋아 잠자리 루틴에서 독서를 빼놓지 않게 됩니다.

세 번째, 독서를 강요하지 말아야 합니다.

한림대 김성구 교수님에 따르면 난독증 아동의 40퍼센트가 ADHD를 함께 겪는다고 합니다. 이처럼 우리 아이들은 난독증을 동반하는 경우가 많아 글을 읽는 것을 힘들어할 수 있습니다. 아이가 책을 읽는 것을 힘들어한다면 책 읽기를 강요하기보다는 부모가 책을 읽어주는 것이 좋습니다. 또래보다 오래 중학생 때까지도 읽어줄 각오를 해야 합니다. 다르게 태어났으니 다르게 품어주고 다르게 키워내야 하는 아이들입니다.

하지만 저녁이 되면 부모들도 참 피곤하고 지치는 시간입니다. 책을 들고 오는 아이들의 모습이 때로는 서류를 내미는 부장님처럼 느껴질 때도 있지요. 이럴 때는 오디오북을 추천합니다. 오디오북을 부모와 함께 들으며 상상하는 것은 청각주의력을 높여주고, 난독증이 있는 아이에게는 문해력 향상에 도움이 되기도 합니다.

네 번째, 도서관에 데려가야 한다는 의무감을 버리세요.

또래 아이들은 도서관에 가면 한 시간이 넘게 책에 빠져있다고 하는데, 우리 아이들이 도서관에 간다고 생각하면 긴장부터 됩니다. 일단 목소리도 크고 책을 읽다가 벌떡 일어나서 다른 책을 골라오기도 하고요. 특히, 친구를 만나면 거침없이 친구에게 가서 큰 소리로 말을 걸까 걱정됩니다. 물론, 약효가 있을 때는 도서관에서 책을 집중해서 즐겁게 보기도 하겠지만, 약효가 사라지는 시간이라면 타인의 눈치를 보고 부모의 지적을 받는 환경이 될 수 있습니다.

책을 꼭 도서관에서 읽을 필요는 없습니다. 일주일에 한 번씩 책을 대여하고 반납하는 식으로 책을 접하게 해줘도 충분합니다. 도서관이라는 장소보다 편안한 환경에서 책과 친구가 되는 것이 중요합니다.

마지막으로 독후 활동의 의무감도 버리시길 바랍니다.

과학책을 읽고 아이와 과학 실험을 하고 느낀 점을 글로 적는 등의 화려한 독후 활동을 SNS 등에서 본 적이 있으실 것입니다. 하지만 이 같은 독후 활동을 하려고 아이에게 책을 읽고 느낀 점을 물어보면, 기억이 안 난다거나 모르겠다고 하며 진행이 잘되지 않습니다. 이렇게 독후 활동을 위해 질문 폭격을 날리는 부모들 때문에 아이들은 책을 읽는 즐거움마저 잊습니다.

특히, ADHD 아이들은 작업 기억이 낮은 데다 처리 속도도 느리다는 것을 잊지 말아야 합니다. 책을 읽다 궁금한 것이 생기면 그때그때 물어오는 아이에게 친절히 대답해주는 것만으로도 아이는 책을 충분히 음미할 수 있습니다.

"엄마, 아까 늑대가 지푸라기 집에 바람을 불어서 날아갔잖아. 근데 입으로 바람을 분다고 지푸라기 집이 날아가겠어?"

"그러게 말이야. 좀 억지스럽긴 하네?"

"나라면 그냥 지푸라기 집에서 살래. 늑대가 불어도 안 날아갈 거니까."

"생각해보니 세모 말도 맞네!"

아이가 책에 대한 느낌을 자유롭게 펼치도록 놔두세요. 부모는 그저 들어주고 반응해주는 것만으로 충분합니다.

6

우리 아이도
학원에 다닐 수 있을까요?

학교 다음으로 두려운 곳, 학원

세모가 ADHD 진단을 받은 뒤로 아이의 등교는 긴장의 연속이었습니다. 책가방을 메고 학교에 들어서는 아이의 뒷모습을 보며 간절히 기도하게 됩니다. 1학년 때는 일찍 하교하는 세모를 위해, 그리고 약에 적응하는 것을 돕기위해 육아휴직을 했습니다.

육아휴직을 마치고 복직해야 할 날이 다가오니 학교 다음으로 두려운 것이 생겼습니다. 바로 학원입니다. 공부를 잘하길 바라는 마음으로 보낸다기보다 제가 퇴근해서 돌아오는 시간까지 아이의 안전을 위해서라도 학원에보내야 했습니다. 하루에 학원 두 곳을 다녀오면 퇴근하는 시간에 맞춰 아이를 만날 수 있었습니다.

ADHD 아이를 학원에 보내자니 여러 가지 걱정이 몰려왔습니다. 아이가 적응을 잘하지 못한다고 전화가 오는 것은 아닐까, 학원에서 다른 친구에게 피해는 주는 것은 아닐까 염려했습니다.

세모는 6살부터 태권도와 미술을 시작으로 사교육의 세계에 들어섰습니다. 과잉행동이 많아 방방 뛰는 세모의 에너지를 해소하는 데 태권도가 좋았습니다. 그리고 2학년이 되고 피아노와 수학 학원도 다녔습니다.

피아노 학원은 약효가 가장 세게 작용하는 시간에 다녀서 문제 될 것이 없었습니다. 처음에는 지루해하고 어려워했지만 차분히 진도를 잘 따라가 주었습니다. 이제 가끔씩 집에서 동요나 연주곡을 쳐줄 때면 그저 감격스러울 따름입니다. 아이가 무언가를 잘하기까지 다른 아이들보다 배로 노력해야 한다는 것을 잘 알기 때문이죠.

문제는 오후 늦은 시간에 가는 수학 학원이었습니다. 수학 학원은 세모가 가장 좋아하는 곳입니다. 수학을 잘한다는 자신감이 있어 수학 학원은 절대 끊기 싫다고 할 정도입니다. 이렇게 좋아하는 수학 학원이지만 약효가 거의 사라진 시간에 가면 집중이 흐트러지곤 했습니다.

이처럼 ADHD 아이를 키우는 부모는 학원 스케줄을 열심히 짜고 상담을 다니며 아이를 보내도 또 다른 걱정 보따리를 짊어져야 합니다. 우리 아이들도 학원을 잘 다닐 수 있을까요?

학원에 보낸다고 해서 잘할 거란 기대는 버리세요

학원에 보낼 때 아이가 뭔가를 배워 잘해야 한다라는 기대감으로 보낸다면 분명 실망할 것입니다. 학원은 학교와 다르게 우리의 자본이 들어갑니다. 돈을 냈으니 부모는 아이가 학원을 다니면 흡수하듯 배워서 잘할 것이라는 기대를 합니다. 당연히 수학 학원을 보내면 수학을 잘할 것이라고, 피아노 학원을 보내면 피아노를 잘할 것이라고 기대하지요.

그러나 기대만큼 우리 아이라는 변수에 크게 실망할 수 있음을 간과해서는 안 됩니다. 중학교에서 학부모님들이 가장 많이 하는 말이 있습니다. "대학 등록금만큼 돈을 학원에 내줬는데 성적이 이렇다니 암담합니다. 제가 대체 어디에 돈을 쓴 건지." 여기에 차마 입 밖으로 꺼내지 못한 대답이 있습니다. '어머님, 사교육이라는 시장에 자본을 넣으면 불어나는 복리의 마법을 기대하셨다면 큰 착각을 하고 계신 것입니다. 변수가 많은 아이에게 투자하셨으니 손실도 부모님 몫입니다.'

학원을 보내는 이유는 다양할 수 있습니다. 다양한 경험을 해봄으로써 자신의 소질을 찾을 기회를 제공할 수도 있고, 학교가 일찍 끝나는 맞벌이 가정의 초등학생의 경우 안전을 위해 사교육의 도움이 필요할 수도 있습니다.

저 역시 1시 30분에 하교하는 아이를 안전하게 지켜줄 수 있는 어른이 있는 곳, 동시에 교육이 이루어지는 곳, 그리고 차량으로 다음 학원으로 안전히 이동할 수 있는 곳이 필요했습니다. 그렇게 지금의 학원을 보내게 되었고 세모는 태권도, 미술, 피아노 학원에 다니면서 다양한 예체능 활동도 하고 친구들과 어울리면서 즐겁게 다녔습니다.

여기서 중요한 것은 학원에 보내는 것을 투자로 생각하고 기대를 갖지 않는 것입니다. 만약 학업 향상을 기대하고 학원을 보내면 어떻게 될까요? 아이가 학원을 열심히 다니는지 계속 점검하게 되고 학원을 계속 바꾸고 싶어집니다.

우리는 아이들이 학원에 왜 다녀야 하는지 그 부분에 초점을 맞춰야 합니다. 학업 향상이 학원에 보내는 첫 번째 이유가 되어서는 안됩니다. 아이가 조금 못하더라도 학원에서 친구들과 어울리고 새로운 것도 해보며 즐겁게 다닐 수 있다면 만족해야 합니다. 피아노 학원의 진도가 또래보다 느려도, 수학 학원에서 문제를 자꾸 틀려도 의연할 수 있어야 합니다. 이런 마음으로 학원을 보낸다면 아이에게 학원에서 제대로 하라고 잔소리하지 않을 수 있습니다. 아이 역시 학원에서 잘해야 한다는 부담에서 벗어날 수 있습니다.

다니려는 학원의 분위기를 먼저 파악하세요

학원의 분위기를 파악할 수 있는 것은 직접 발품을 파는 것뿐입니다. 동네 엄마들이 "너무 좋은 학원이다. 너무 잘 가르친다"라고 하는 곳이 ADHD 아이들도 잘 다닐 수 있는 곳이라는 보장을 해주지 않습니다.

먼저 원장 선생님과 면담을 해보는 것이 좋습니다. 원장 선생님이 학원의 분위기를 대표하는 사람이기 때문이죠. 원장 선생님이 아이들을 대하는 표정과 말투에서 느껴지는 분위기는 어떤지, 우리 아이들을 너그럽게 바라볼수 있을지를 직접 만나보고 살펴봐야 합니다. 이러한 상담에서 얻은 느낌으로 세모의 학원들을 정했습니다.

학원 분위기가 조용하고 정적인 곳이라든지, 숙제가 많고 규칙을 중요하게 생각하는 곳이라면 우리 아이들의 입장에서는 학교 이후 또 부정적인 피드백을 받는 장소가 하나 더 늘어나는 것과 같습니다. 아이의 과잉행동이나 주의집중력 결핍 때문에 학원에서 자주 지적을 받으면 돈을 내고 아이의 자존감을 깎는 일이 될 수도 있습니다. 부모에게도 아이에게도 모두 상처가 되겠지요.

만약 약효가 오래 가는 약을 먹고 있는 경우라면 학원에서도 집중력을 유지하고 단체 수업을 방해하지 않으며 성실히 학습에 임할 수도 있습니다. 하지만 약효가 사라지는 시간에 학원을 보내야 한다면 더욱 학원의 분위기를 살펴야 합니다. 자꾸 지적을 받으면서 스트레스가 쌓인다면 아이 입장에서도 너무 괴롭고, 수업 방해로 피해를 보는 친구들에게도 미안한 일이 되니까요.

학원을 자꾸 다니다 말다 하는 아이들

ADHD 아이들은 한 가지 일을 지속하다 지루하게 느껴지면 중도에 쉽게 그만둡니다. 이런 특징은 학원을 다닐 때도 나타납니다. 부모의 욕심으로 보낸 학원이 아니라면 아이가 그만두길 원할 때 "그래? 그럼 안 다녀도 돼"라고 편하게 말할 수 있겠죠. 하지만 아이가 뭐든 쉽게 포기하는 것에 익숙해지는 것 역시 경계해야 합니다.

이는 사실 모든 아이들이 마찬가지입니다. 같은 학원을 오래 다니다 보면 흥미가 떨어지는 순간이 찾아옵니다. 너무 쉬운 것만 계속하거나 갑자기 어려운 단계로 넘어갈 때 그만두겠다는 소리가 나오죠. 하지만 그 순간을 넘기고 꾸준히 학원에 출석하는 아이가 고비를 넘기고 한 단계 더 성장할 수 있는 기회를 얻습니다.

이럴 때마다 부모가 쉽게 그만두라고 말해버리면 아이는 무엇을 배울까요? 우리 엄마가 날 이해하는구나 하고 수용 받는 감정을 느낄 수는 있겠지만, 뭐든 쉽게 포기하는 것이 습관이 될 수 있습니다. 지루하거나 어렵지만 해야 하는 것, 그래서 결국 끝맺음으로 성취감을 느끼는 것이 우리 아이들에게 무엇보다 중요합니다.

한 학원에 오래 다니는 아이가 더 많은 것을 배웁니다. 아이가 한 학원을 오래 다니게 하는 방법은 아이가 원하는 학원을 등록해 주는 것입니다. 그리고 아이에게 매달 학원비를 낸다는 것도 꼭 알려주세요. 학원비를 내면 싫든 좋든 한 달 동안은 꼭 학원에 가야 한다는 것을 알려줘야 합니다. 아이와 함께 결정한 학원이기 때문에 그 결정에 대한 책임도 함께 져야 한다는 사실을 알아야 합니다.

아이가 너무 재미없어 하고 흥미가 떨어진 것 같다면 부모는 한 번 더 부추겨 봅니다. 학원 가는 횟수를 줄이거나, 일정 기간을 채워보자고 설득도 해봅니다. 그래도 힘들고 다니기 싫어하는 학원은 과감하게 약속대로 그만두게 합니다.

앤젤라 더크워스 교수의 베스트셀러 《그릿》에도 이러한 양육 방식의 중요성이 나옵니다. 그릿이란 열정과 집념이 있는 끈기를 의미합니다. 성공하는 사람들은 모두 이 그릿이 아주 남다르다 합니다. 저자는 성공하는 사람들의 공통점은 높은 지능이 아닌 이 그릿에 있었다고 말합니다.

책에서 그릿을 키우는 양육 방식의 사례로 소개하는 것이 유명 풋볼 선수인 스티브 영의 이야기입니다. 스티브 영의 부모님은 약속한 일은 무슨 일이 있어도 스스로 해야 하고, 가고 싶지 않을 때도 반드시 가야 한다는 엄격한 가르침으로 스티브 영을 그릿이 강한 선수로 키웠다고 합니다. 또한, 책에서는 "자유가 필요한 만큼 한계도 정해줘야 한다"라고 이야기하고 있습니다.

그릿, 즉 끝까지 해내는 능력은 모든 사람에게 필요한 자질일 것입니다. 특히, ADHD 아이들에게는 더욱 그릿이라는 자질이 필요하다고 생각합니다. 지루함을 견디고 약속대로 끝까지 해내는 자세. 아이가 학원을 쉽게 그만두려고 할 때, 스티브 영의 부모처럼 약간의 부추김으로 아이에게 원칙과 한계를 정해주세요. 그릿을 키워줄 좋은 기회가 될 수 있을 것입니다.

학원을 그만둔다는 의미가 학습을 그만두는 것은 아니어야 합니다

아이가 학원을 그만두고 싶어 할 때는 아이에게 꼭 알려주세요. 학원을 그만둔다고 해서 학습을 그만두는 것이 아니라는 것을요. 예를 들어, 영어 학원을 그만두고 싶은 거라면 집에서 스스로 영어 공부를 해야 한다는 것을 알려줘야 합니다. 무언가를 배우기 위해 꼭 학원을 가야 하는 것은 아니기 때문입니다

초등학교 저학년인 세모의 학습에서 중점을 두는 부분은 국어, 영어, 수학, 독서 4가지입니다. 이중에서 학원은 수학 학원만 다니고 있습니다. 영어학원은 흥미도 못 느끼고 학원에서 계속 지적만 받게 되어 그만두게 되었습니다. 하지만 영어 학원을 그만두었다고 영어 학습을 멈춘 것은 아닙니다. 집에서 엄마표 영어를 시작했습니다. 엄마표 영어를 1년 동안 해주고 지금은 자기 주도 영어 학습을 하고 있습니다.

아이가 싫다는데 공부를 억지로 시켜야 하냐고 묻는 부모님들도 계십니다. 학습이라는 것이 앞서 말했듯이 해당 과목을 잘하는 것이 목표가 아닙니다. 지금 당장은 학습이 어렵고 흥미가 없어 공부를 안 하던 아이도 언젠가 공부하고 싶은 마음이 들 때가 올 수 있습니다. 그때가 되면 언제든 자기 실력을 발휘할 수 있도록 기본 실력을 유지해 줘야 합니다. 모처럼 찾아온 동기가 학습 격차라는 벽을 만나 쉽게 사라지지 않도록 도와줘야 합니다.

혹시, 때가 되면 공부할 마음도 생기고 알아서 공부를 할 것이라고 생각하시나요? 아이를 물가에 데려가지도 않았는데, 시간이 흘러 수영을 하고 싶은 마음이 생겼다고 해봅시다. 아이가 갑자기 물에 뛰어들 수 있을까요? 할 수 없다는 두려움에 도전하지 못합니다. 자신이 잘 해내지 못할 것이라는 불안감 때문에 시작조차 어려워집니다.

그렇기 때문에 국어, 영어, 수학, 독서만큼은 어릴 때부터 부모가 집에서든 학원에서든 기초 학습 능력을 키워주는 데 힘써야 합니다. 아이가 자기주도적으로 학습을 이어나갈 수 있을 때까지, 본인이 잘할 수 있다고 느낄 때까지 부모가 함께 학습을 도와줘야 합니다.

학원이 물론 필수는 아닙니다. ADHD 아이라서 학원에서 쫓겨날 것도 걱정했고, 몇 달이면 그만둔다고 하겠지라고 생각도 했습니다. 하지만 제 예상과 다르게 세모는 매일 집에서 피아노 연습을 하는 아이가 되었습니다. 태권도 학원에서는 검은띠를 따기 위해 연습 중입니다. 제일 걱정했던 수학 학원에서는 몇 문제를 더 풀기 위해 항상 10분씩 친구들보다 늦게 나옵니다.

어쩌면 좋은 학원을 알아보기 위해 정보를 얻으러 다니는 것보다 중요한 것은 우리 아이들도 잘할 수 있다는 강한 믿음을 주는 것이 아닐까요?

7

우리 아이들의 강점이
빛나는 곳을 찾아주세요

아이들의 강점을 이용하세요

"유전자는 우리가 무엇에 애를 써야 할지 알려준다. 자신의 강점을 깨달으면 어디에 시간과 에너지를 써야 할지 알게 된다. …… 어떤 종류의 도전을 피해야 하는지 알게 된다. …… 자신을 다른 사람들과 비교하는 것보다 자기 고유의 잠재력을 실현하는 데 집중하는 것이 훨씬 생산적이다."

《아주 작은 습관의 힘》에서 말하는 것처럼 유전적 요인이 우리 삶에 미치는 영향은 지대합니다. 특히, ADHD는 유전적 요인이 매우 큽니다. 부모가 ADHD라면 아이에게 유전될 확률이 57% 정도라고 하죠. 이처럼 환경적 요인보다 유전적 요인이 크다고 생각했을 때, 우리는 이 유전자를 어떻게 써먹을지 고민해야 합니다. 여기에 우리 아이들의 학습 로드맵이 있기 때문입니다. ADHD는 사람에 따라 양상이 다르게 나타납니다. 그러므로 우리 아이가 갖고 있는 유전자가 어떻게 발현되고 있는지 잘 관찰해야 합니다.

우리 아이의 유전자는 어떤 일을 잘할 수 있는지, 어떤 도전은 피하면 좋은지 아는 것이 중요합니다. 또래 아이들의 성장 속도와 비교하면서 우리 아이들의 강점을 보지 못하면 안 됩니다. ADHD 덕분에 가질 수 있는 강점도 분명 존재하기 때문이죠. 우리 아이가 가지고 있는 고유 잠재력을 어디서 어떻게 실현해야 좋을지 잘 관찰하기 바랍니다. 문제점을 지적하기보다 언제, 무엇을 할 때 반짝이는지 그 순간을 찾아보기 바랍니다.

세모의 수학적 재능은 어려서부터 남다르다는 것을 느꼈습니다. 물론 영재는 절대 아닙니다. 세모는 4살부터 숫자를 이른 시기에 읽고 양에 민감했으며, 수를 세고 더하는 것이 취미였던 아이였습니다. 하지만 이런 취미는 어떻게 보면 뭔가에 꽂혀버리는 ADHD의 성향으로 볼 수도 있습니다. 바로 선택적 집중을 함으로써 과몰입을 하는 것이죠.

저는 세모가 자신이 부족하다고 느끼지 않고, '난 이건 진짜 좋아하고 열심히 해'라는 자기효능감을 느낄 수 있는 분야가 있기를 바랍니다. 세모에게는 수학이 그렇습니다. 세모에게 수학은 자존감의 원천입니다. 영어 학원은 싫어했지만, 본인이 재미를 느끼고 다니고 싶어 했던 수학 학원을 다니면서 수학에 과몰입하여 더욱 푹 빠졌습니다.

그러다 최상위반 시험 제의를 받았고, 최상위반에 들어가게 되어 즐겁게 다니고 있습니다. 이러한 강점을 키워줌으로써 세모가 ADHD로 가지게 될

열등감을 줄여주고 자존감의 자리를 키워나가길 바라고 있습니다.

이처럼 ADHD가 학습에 영향을 줄 수는 있지만, 재능을 발휘하지 못하게 하는 것은 절대 아닙니다. 원래 사람의 성격과 자질을 묘사할 때, 장점과 단점이라고 표현하지만 그 둘은 종이 한 장 차이입니다. 어떤 상황에 있느냐에 따라 장점이 단점이 되기도 하고, 단점이 장점이 되기도 하죠.

단점이 장점이 되기도 합니다

우리가 생각하는 ADHD 아이들은 집착이 심하고, 주의도 산만하고, 한 가지 일을 오래하지 못하거나, 예민하고 불안이 높은 아이일 수 있습니다. 그러나 이는 장점이 되기도 합니다. 집착이 심한 것은 선택적 집중으로 자신이 좋아하는 일에 과몰입할 수 있다는 장점이 될 수 있는 것이죠. 수학이나 과학 또는 곤충이나 공룡과 같은 특정 분야에 과몰입하는 ADHD 아이들을 학교에서도 많이 봅니다. 자신이 관심 있는 한 가지 분야에 푹 빠져 전문가가 되는 것이죠.

또한, ADHD 아이들의 충동성은 그만큼 새로운 일에 겁 없이 도전하는 장점으로 작용합니다. 세모는 새로운 장소나 새로운 사람들을 만나는 것에 깊게 고민하거나 걱정하지 않고 바로 적응합니다. 결단력이 있고 순발력도 발휘하는 적응력이 좋은 아이이지요.

산만함과 호기심은 때로는 창의력으로 발휘되기도 합니다. 다른 아이들은 선생님께 배운 대로 혹은 교과서에 나온 대로 문제를 해결할 때, 산만함과 호기심은 문제를 다각도로 바라보고 창의적으로 문제를 해결하는 데 도움이 됩니다.

무엇보다 과잉행동-충동형 아이들의 장점은 바로 넘치는 에너지입니다. 넘치는 활력으로 어딜 가도 지치지 않고 즐겁게 활동할 수 있는 강철 체력을 보여주기도 합니다.

ADHD 아이들은 사고의 회로가 다릅니다. 아이에 따라 맞는 학습 방법도 모두 다를 것입니다. 강점도 다양한 만큼 맞는 공부법도 다양합니다. 그런데 우리는 마치 정형화된 로드맵이 있는 것처럼 그 길을 좇고 아이는 끌려갑니다. 그동안 아이는 자신의 강점이 무엇인지도 모른 채 헤메는 시간만 길어집니다. 그러다 사춘기를 맞이하고 자기 공부, 자기 학습을 찾을 기회를 놓치게 되지요.

우리가 아이들의 학습 속도와 방법을 안다면, 그 방법으로 학습의 길로 안내할 수 있다면 우리 아이들도 자신이 원하는 꿈을 펼치고 자신이 원하는 삶의 무대에서 성취하는 삶을 살아갈 수 있습니다.

아이들의 강점에 집중하세요. 아이를 관찰하고 아이에게 맞는 학습법을 함께 찾아주세요. ADHD 때문에 하지 못하는 것에 집중하지 말고, ADHD 덕분에 빛날 수 있는 장점을 찾아주세요. 우리 아이의 장점을 마음껏 펼칠 수 있는 곳이 어디일지 아이를 잘 관찰해보세요. ADHD가 있다고 될 수 없는 직업은 없습니다. ADHD가 있음에도 불구하고 모든 것이 될 수 있는 아이들입니다.

8

사춘기 아이들은
공부를 어떻게 해야 하나요?

사춘기 아이가 공부를 잘하길 원하신다면

사춘기 아이들에게 친구 다음으로 중요한 것은 바로 공부입니다. 중학교 생활을 시작하면서 아이들의 일상은 오직 공부만을 위해 돌아갑니다. 학교에서 1교시부터 7교시까지 수업까지 마치면 또다시 학원으로 갑니다. 학원을 마치고 집에 오면 다시 학원 숙제를 합니다. 그리고 밤늦게 잠들어 아침 일찍 학교에 가는 일상을 다시 시작합니다.

부모님과의 대화는 점점 줄어들고, 아이의 방문은 닫혀있는 경우가 더 많아질 것입니다. 아이들은 이미 충분히 공부에 대해 고민하고 스트레스를 받고 있습니다. 사춘기 아이들은 이미 공부가 힘듭니다.

중학생 자녀를 둔 학부모님들과 상담을 하다 보면, 부모님들이 아이의 공부에 대한 고민을 대신해 줍니다. 저는 중학교 3학년 담임을 주로 맡아왔습니다. 중3 학부모님들은 대부분 고입과 아이의 성적에 관심이 많습니다. 자주 하시는 질문이 있습니다.

"어떻게 해야 수학 성적을 올릴 수 있을까요?"

"어떻게 하면 공부에 좀 관심을 가질까요?"

그럴 때마다 질문이 잘못된 것 같다는 생각이 듭니다. 중학교에 들어서면 아이는 부모와 자신의 자아를 분리하기 시작합니다. 알을 깨고 나오는 시기인 것입니다. 새가 알을 깨고 나올 때 어미새가 알을 대신 깨주지 않습니다. 스스로 충분히 성장했을 때, 비로소 자신의 힘으로 알을 깨고 세상에 나오지요. 그만큼 자기주도성을 가지려고 무던히 노력하는 시기입니다.

공부 역시 부모의 손을 떠났습니다. 제가 지금까지 본 학생 중에 부모 때문에 또는 부모 덕분에 공부를 더 하는 학생을 보지 못했습니다. 중학교 시기에는 부모가 공부를 더 하라고 해도 하지 않을 아이는 안 합니다. 만약 아이가 스스로 공부를 열심히 하고 있다면, 그것은 어릴 때부터 부모가 도와준 학습 습관이나 아이가 가진 능력이 발휘된 것입니다.

사춘기 시기의 학습은 부모가 얼마나 더 도와주느냐에서 부모가 얼마나 아이의 학습을 망치지 않느냐로 방점을 옮겨야 합니다. 부모가 공부를 더 하게 만들기 어려워도 아이의 학습을 망치지 않도록 최선을 다해야 합니다. 부모가 통제할 수 있는 것은 아이가 아니라 바로 자기 자신이기 때문입니다.

부모가 아이의 학업을 망치지 않기 위해서는 어떻게 해야 할까요? 이것은 ADHD를 떠나 모든 학부모에게 중요한 문제입니다.

첫 번째, 아이가 얼마나 학업을 잘 수행하고 있는지보다 부모가 정서적으로 아이를 얼마나 지지하고 있는지 생각해 봅시다.

공부를 다 잘할 수 있다면 좋겠지만, 그렇지 않다고 가치 없는 존재로 여겨서는 안 됩니다. 아이가 태어나서 처음 걷고 말하는 것만 봐도 감사했던 것을 잊지 말아야 합니다. 사춘기 아이들도 자신을 그대로 좋게 봐주는 부모를 원합니다. 아이들이 무언가를 증명해야만 좋게 봐주는 것이 아니라 '네가 우리 아이여서 소중하고 감사하다'라는 것을 사춘기 아이들에게 더욱 표현해야 합니다.

이런 정서적 지지를 받지 못하는 아이들은 부모의 기대를 채우기 위해 노력하고, 성적이 잘 나오지 못했을 때 과정이 아닌 결과에 연연합니다. 계속되는 실패에 아예 공부를 놓아버리기도 합니다.

두 번째, 아이가 집을 따뜻한 이미지로 기억하게 해줍니다.

부모는 갑자기 예민하게 변해버린 아이가 참 불편합니다. 아이가 집에 와서 휴대폰만 만지고 있고, 게임만 하는 모습을 보면 "언제까지 할 거야?", "숙제는 다 했니?", "고등학교 가서는 어떻게 하려고 그래?" 같은 잔소리가 나옵니다.

아이들은 학교에서도 학원에서도 쉴 시간이 없습니다. 집이야말로 아이들이 푹 쉬어야 하는 곳입니다. 집에 가는 발걸음이 가벼워야 하고, 부모님의 얼굴을 떠올렸을 때 따뜻한 감정이 느껴져야 합니다. 집이 불편하면 아이들은 스트레스와 불안감이 고조됩니다. 몸과 마음이 쉴 곳이 없어지면 온라인 세상에서 낯선 사람에게 의존하기도 하죠. 아이의 학업을 망치지 않으려면, 아이들이 집을 얼마나 편안하게 느끼는지 아이의 마음을 살펴보기 바랍니다.

마지막으로 부모님은 아이가 아닌 자신의 삶에 집중하는 것입니다.

아이에게 부모의 영향력이 완전히 미치는 시기는 초등학교까지입니다. 사춘기에 들어서면 아이들은 부모가 하는 모든 말에 반감을 느낍니다. 그것은 본능입니다. 아이는 부모의 그늘에서 벗어나고 싶어 합니다. 부모는 그런 아이를 아직 심적으로 독립시키지 못해 더욱 기대하고 실망하기를 반복합니다. 아이의 성적이 잘 나오지 않으면 함께 불안해하고 다음 시험을 또 기대하죠. 자신이 희생한 것을 생각하며 변해버린 아이가 마음에 들지 않습니다.

하지만 아이들은 부모의 희생을 바란 적이 없습니다. 부모는 이 시기에 어느 때보다 더 자신의 삶에 집중해야 합니다. 그래야 아이에게 기대하고 실망하지 않을 수 있습니다. 아이는 아이의 삶을, 부모는 부모의 삶을 살아야 합니다. 부모가 자신의 삶보다 아이의 학업에 더 집중하고 간섭할수록 아이는 자신뿐만 아니라 부모의 기대까지 충족시키기 위해 배로 학업이 힘들어집니다.

중학교 아이의 학교생활, 이렇게 도와주세요

과도한 간섭은 사춘기 아이들에게 독이 되지만, 그럼에도 불구하고 우리 아이들은 중학생이 되어서도 어른의 도움이 필요할 때가 있습니다. 이때, 중요한 전제 조건이 하나 있습니다. 바로 아이가 부모의 도움을 원해야 한다는 점입니다. 원하지 않는 도움은 간섭이 되어버립니다. 만약, 사춘기 아이가 도움을 필요로 한다면, 부모가 함께 협력해주는 것이 좋습니다.

초등학교를 졸업한 아이들이 중학교에 진학하면서 가장 어려워하는 부분이 자기 관리입니다. 중학생이 되면 교칙 지키기부터 각종 수행평가와 지필평가까지 스스로 챙겨야 하기 때문입니다. 그런데 ADHD 아이들은 아침에 일어나 등교하는 것부터 쉽지 않습니다. 약효가 사라진 아침 시간에 책가방을 챙기고, 교복을 입고, 제시간에 등교하는 모든 과정이 ADHD와 싸우며 견뎌내는 시간입니다.

계획하고 실행하는 것이 쉽지 않은 아이들에게 사춘기와 ADHD가 함께 찾아오는 혼돈의 시기가 얼마나 버거울까요? 우리 아이들은 다른 친구와 자신을 비교하기 시작할 것입니다. 수행평가를 제출 기한에 맞춰 척척 준비하는 친구들이 부럽습니다. 직접 손글씨로 빼곡하게 정리한 노트로 시험 준비를 하는 모습을 보고 자꾸 자존감이 떨어집니다.

ADHD 아이가 중학교에 입학하면 이렇게 도와주세요. 여기서 가장 중요한 것은 아이와의 관계와 대화입니다. 관계가 좋아야 아이는 부모의 도움을 받을 준비가 됩니다. 대화를 잘하기 위해서는 아이의 의견을 적극적으로 수용해야 합니다. 아이는 자신의 의견이 수용 받을 때 비로소 부모의 의견을 수용하기 때문입니다.

첫 번째, 아이와 함께 학교 규정부터 읽어봅니다.

학교 홈페이지에 들어가서 학교 규정을 찾아봅니다. 모든 중학교에는 학교에서 정한 규칙이 있습니다. 이 안에는 아이가 학교에서 전반적으로 지켜야 할 사항들이 있습니다. ADHD 아이들은 규칙을 알려줘도 잘 잊습니다. 생활 규칙을 잘 잊기 시작하면 교복 갖춰 입기, 등교 시간 지키기, 수업 시간에 하지 말아야 할 행동과 말 등을 어기곤 합니다. 이러한 규정들을 지키는 것을 우습게 보면 안 됩니다. 우리 아이들은 교사에게 부정적 피드백을 받기 쉽기 때문에 이러한 것마저 어기면 지적받는 일들이 더 늘어날 수밖에 없습니다. 그렇기에 아이와 함께 학교 규정을 읽어보며 잘 지킬 수 있도록 도와주셔야 합니다.

예를 들어, 1교시 종이 울리고 1분 뒤에 입실하면, 특별한 사유가 없는 경우 미인정 지각이 됩니다. 미인정 지각이 3회가 되면 미인정 결석으로 처리됩니다. 미인정 결석 1회는 학생의 출결 성적에 영향을 줍니다. 특히, 출결 성적을 중요하게 보는 고등학교에 진학할 때 아이에게 손해가 됩니다.

두 번째, 학교교육계획서를 함께 보며 아이의 학교 일정을 확인합니다.

학교교육계획서 역시 학교 홈페이지에서 찾아볼 수 있습니다. 연간 계획표를 인쇄하여 붙여놓고 부모가 함께 확인하면 좋습니다. 각종 행사와 지필평가 일정을 챙겨보시길 바랍니다. 각 교과목 평가에는 지필평가와 수행평가가 있습니다. 지필평가는 중간고사, 기말고사처럼 시험을 보는 형식의 평가이고 수행평가는 교과 시간에 이뤄지는 아이들의 수행 능력을 평가하는 형태입니다. 교과마다 지필과 수행의 비율이 다르기도 합니다. 그리고 수행평가는 각 교과마다 학급마다 날짜가 다르게 이뤄지기 때문에 아이가 더 챙기기 어려워하기도 합니다.

이때 각 교과의 숙제, 준비물, 평가 일정을 챙기도록 한 권의 스터디 플래너에 일정을 적고 관리하는 것을 도와주시면 좋습니다. 모든 계획은 단 한 권의 플래너에 적게 해야 합니다. 한 권만 보면 기억할 수 있도록 말이죠. 처음에는 스터디 플래너를 이용하여 계획하고 실행하는 것이 어려울 수 있지만 계속하다 보면 느려도 언젠가는 습득하게 됩니다. 고등학교에 진학하면 과목 수도 늘어나고 대학생이 되면 스스로 수강 신청한 과목들을 챙겨야 합니다. 미리 연습시킨다는 마음으로 함께 챙겨주세요.

세 번째, 아이에게 공부하라고 하지 말고, 공부하는 방법을 알려주세요.

부모는 아이가 책상에 앉아있는 모습을 보고 공부하고 있다고 생각합니다. 그런데 시험 성적은 공부한 시간에 비해 잘 나오지 않습니다. 아이는 실상 공부하는 척을 했을 뿐, 머릿속에 공부한 내용을 입력하지 못한 것입니다. 입력하지 못했으니 시험 기간에 출력하지 못하는 것입니다. ADHD 아이들은 주의집중력이 약하다 보니 책을 보며 열심히 보아도 내용을 머릿속에 잘 정리하지 못하기도 합니다.

중학생 아이들은 처음으로 모든 과목의 배운 내용을 바탕으로 시험을 보게 됩니다. 중간고사와 기말고사를 어떻게 준비해야 하는지, 어떻게 공부해야 하는지 잘 모릅니다. 교과서로 공부하는 법, 암기하는 법, 필기하는 법, 시간을 관리하는 법까지 아이들은 시험을 준비하기까지 알아야 할 것들이 많습니다. 이런 방법들을 알려주지도 않고 아이에게 공부하라고 명령만 하니 아이들이 헤매는 것입니다. 부모가 도와줄 수 없다면 인터넷에서 검색만 해도 쉽게 찾을 수 있습니다. 또한, 교과서 공부법, 중학교 생활 준비 방법 등에 대해 현직 교사들이 쓴 책들에서도 도움을 받을 수 있습니다.

앞서 말했듯이 중학교 아이들에게 이러한 도움을 주기 위해서는 가장 큰 전제 조건을 잊지 말아야 합니다. 아이가 도움을 원해야 도와줄 수 있다는 것을요. 그리고 아이가 부모의 말을 듣게 하려면 일단 아이의 말을 먼저 들어줘야 한다는 것도 꼭 기억하기 바랍니다.

5장

ADHD라서
더 어려운
관계의 문제들

5장

ADHD라서
더 어려운
관계의 문제들

1

무엇보다 중요한 사회성, 밀착 코칭하기

너무나 어려운 친구 관계

우리 아이들이 약을 복용해도 잘 개선되지 않는 부분이 바로 사회성입니다. 우리 아이들은 친구 관계가 또래보다 더 어렵습니다. 이 역시 전두엽 발달과 관련이 있습니다. 공감, 사기 통제, 심성 소질 등과 관련이 있는 전두엽이 늦게 발달하는 우리 아이들은 사회성 역시 또래보다 2~3년 늦게 발달한다고 생각하면 됩니다.

처음에는 세모의 충동적인 성격이 관계 맺기에 도움이 된다고 생각했습니다. 모르는 사람에게도 선뜻 먼저 다가가서 "누구세요? 어디 가세요"라고 묻는 적극적인 모습과 내향적인 친구들에게 먼저 "몇 살이야? 나랑 놀자!"라고 말을 걸 수 있는 아이였기 때문입니다. 어떨 때는 너무 적극적이어서 다른 가족이 놀고 있는 곳에 가서 자기도 껴달라고 눈치 없이 말하기도 했죠.

이렇게 상황을 잘 읽지 못하는 면도 ADHD의 특징 중 하나였습니다.

이러한 모습 덕분에 재미있는 장난이나 농담으로 호기심 가득한 아이들에게는 재미있는 친구가 되기도 합니다. 문제는 이렇게 처음 만난 또래가 친구로 발전하는 경우가 드물다는 점입니다.

우리 아이들은 왜 또래와 친구가 되기 어려울까요? 둘의 대화를 보면 이런 패턴이 반복되는 것을 알 수 있습니다.

친구 : 세모야, 패스하기 하자.

세모 : 야, 내가 슈팅할 테니까. 네가 골기퍼 해.

친구 : 아니, 패스하기 하자고.

세모 : 빨리 골대에 서봐.

친구 : 아, 재미없어. 나 간다.

이런 식의 겉도는 대화만 이뤄지다 보니 친구는 기분이 찜찜한 채로 돌아가고, 우리 아이들은 친구가 왜 집에 가는지, 왜 기분이 상했는지 알지 못합니다.

또한, 행동하기 전에 생각하는 것을 잘 못하다 보니 재미있는 장난이 생각나면 친구의 상황이나 감정을 살피지 않고 즉시 장난을 시작해 버립니다. 결국, 친구와 트러블이 잦아지고 놀이에서 거절당하는 일도 많아지죠. 이렇게 거절당하는 감정을 계속 느끼고, 관계 맺기에서 실패하는 경험이 쌓이면 자존감이 낮아지기 시작합니다. 또래들 사이에서 얻을 수 있는 사회적 발달이 더욱 늦춰져 점점 더 관계를 맺는 것이 서툴러집니다. 이런 악순환의 고리가 생기면 관계는 점점 어려워지고 또래 관계가 중요해지는 사춘기 시기에는 우울감이 덮치기도 합니다.

약으로도 해결이 어려운 사회성을 길러주기 위해 부모는 아이의 손을 잡고 여러 심리상담센터를 전전하기도 합니다. 사회성 치료를 위해 또래 친구를 찾느라 온라인 커뮤니티에 글을 올려보기도 하고 많은 노력을 하죠.

그럼 우리 아이들의 사회성은 어떻게 하면 길러줄 수 있을까요?

1 대 1로 놀 수 있는 기회를 제공해주세요

우리 아이들은 친구와 주고받는 원활한 대화가 어렵습니다. 여러 아이들이 모였을 때 과잉행동-충동형이든 조용한 ADHD든 우리 아이들은 튈 수밖에 없습니다. 이렇게 무리를 지어 놀 때는 아이가 계속 소외되기도 하고, 상황에 맞지 않는 말과 행동으로 친구들을 당황하게 하여 특이한 아이라는 이미지가 생길 수도 있습니다. 친구들이 여럿 있는 곳에서 아이를 따로 불러 "이럴 땐 이렇게 얘기해야지"라고 코칭하기도 어렵지요.

따라서 1 대 1로 놀 수 있도록 친구를 집에 초대해 보세요. 아이에게 가장 초대하고 싶은 친구를 묻고 초대장을 주도록 합니다. 초대장에는 아이 친구의 부모님이 알아야 할 정보들을 적어둡니다.

"동글아, 토요일 오후 4시에 우리 집에 놀러올 수 있어? 여기 우리 엄마 번호랑 내 번호가 있어. 너희 엄마에게 허락받고 우리 엄마한테 연락해줘. 우리 집 주소도 여기 있어."

집에 친구를 초대하면 아이도 자신의 공간에 친구가 와있다는 기분 좋은 경험을 해볼 수 있습니다. 무엇보다 이때가 아이의 사회성을 밀착 코칭할 수 있는 좋은 기회가 됩니다.

세모의 친구가 집에 놀러왔을 때, 세모의 대화에서 문제점을 발견했습니다. 세모는 친구를 초대하면 자기중심적으로 놀이를 리드하고 친구의 의견을 묻지 않는 점이 두드러졌습니다.

세모 : 동글아, 나랑 알까기 놀이 하자.
동글 : 나는 할리갈리 하고 싶은데.
세모 : 알까지 재밌어! 네가 검정색 해. 나 한다!
동글 : 알았어.

처음에는 동글이도 세모의 리드에 맞춰주다가 결국 자신이 하고 싶은 놀이를 하지 못하고 재미도 느끼지 못한 채 집으로 돌아가야 했습니다. "다음에 또 놀러와!"라고 했지만 다음은 왠지 없을 것 같다는 생각을 했죠.

그 후로 친구를 초대하는 날에는 미리 세모에게 이야기를 해주었습니다.

"세모야, 동글이가 놀러 오면 '동글아 넌 무슨 놀이 하고 싶어?'라고 제일 먼저 물어봐야 해. 그리고 우리 집은 이렇게 생겼고, 네 방에는 이런 것들이 있다고 소개도 해주면 좋아."

이렇게 친구를 초대해서 1 대 1로 대화하고, 놀이를 통해 친구의 기분도 살피는 방법을 알려주었습니다. 두 번째, 세 번째 초대에서는 확실히 나아지는 것이 느껴졌습니다. 초대받은 친구들도 세모의 공간에서 놀아본 경험이 쌓여 학교에서도 친밀도를 지속해가는 걸 알 수 있었습니다.

ADHD 아이의 사회성은 한 번에 나아지지 않습니다. 바깥에서 무리 지어 노는 아이들 사이에 던져두고 계속 코칭하기도 어렵지요. 친구와 1 대 1로 놀 수 있는 공간과 시간을 제공해주세요. 아이의 사회성을 높여주기 위한 코칭을 하기에 가장 적합한 기회가 될 것입니다.

왜 아이의 관계에 엄마가 상처받을까?

내 눈에는 예쁜 아이가 또래 친구들로부터 차가운 눈빛을 받을 때, 계속 놀이에서 거절당하는 모습을 볼 때면 마음이 너무 아픕니다. '왜 우리 아이는 또래와 어울리지 못할까?', '그 흔한 생일 파티 초대조차 받지 못할까?' 속상한 마음에 아이에게 날카로운 말들을 하기도 하죠.

"네가 그렇게 장난치고 멈추질 못하니까 친구들이 안 놀아주는 거야."

아이의 관계인데 왜 부모인 내가 이리도 속이 상하는 걸까요? 부모와 아이의 관계는 물리적으로 봤을 땐 개개인으로 존재하지만, 정서적으로는 강한 애착 관계를 맺고 있습니다. 아이가 다치면 속상한 것처럼 아이의 마음도 우리와 밀접하게 연결되어 있습니다. 아이의 마음이 다치면, 내 마음이 다친 것처럼 속이 상합니다. 또래와 놀고 싶은 마음은 가득한데 어떻게 할지 모르는 아이를 보면 부모는 답답하고 안타깝습니다.

ADHD 아이를 키우는 우리는 아이의 관계에 너무 큰 기대를 하지 않아야 합니다. 아이의 삶은 나의 삶과 별개입니다. 그 생각에서부터 아이와 나를 분리할 수 있습니다. 아이의 부족한 또래 관계 때문에 걱정의 눈초리로 바라보는 것이 오히려 아이의 자존감을 떨어뜨립니다. 불안한 부모의 시선을 거두어주세요. 아이는 조금 늦게 성장할 뿐입니다.

우리 아이들의 사회성은 또래보다 늦게 발달합니다. 그렇다고 해서 발달이 멈춰있는 것이 아닙니다. 속도는 느려도 분명 해가 지날수록 아이는 자라고 있습니다. 또한, 세상에는 다행히도 다양한 성격의 사람들이 있습니다. 우리 아이의 장점과 결이 맞는 친구를 언젠가 만날 수 있습니다.

중학교 3학년 정도가 되면 자신과 잘 맞는 친구를 알아보는 안목이 생깁니다. 자아 정체성이 뚜렷해지기 때문이죠. 무리에 끼지 못하는 소위 특이한 성향의 아이들도 비슷한 친구들을 만나 즐거운 하루를 보냅니다. 이처럼 자신과 결이 맞는 친구를 만나고 또래와의 관계에서 즐거움을 찾는 일은 분명히 옵니다.

그렇기에 우리가 할 수 있는 것은 그저 아이를 믿는 것입니다. 분명 아이의 사회성은 부모의 사랑을 바탕으로 자신만의 속도로 발달하고 있답니다.

2
부모의 코칭이 어떤 사회성 수업보다
효과가 좋습니다

ADHD 아이들은 왜 대화가 어려울까요

사람과 사람이 만나 관계를 맺는 데 있어 가장 중요한 것은 바로 말입니다. 언어로 자신의 생각을 표현하고 공유함으로써 타인을 알아가고, 자신을 표현하며 관계가 형성되지요. 우리 아이들은 이런 의사소통이 수월하지 않습니다. 의사소통은 단순히 말을 전달하는 것뿐만이 아니라 주변 상황과 상대방의 마음, 대화의 흐름까지 인지해야 하기 때문입니다.

아이들은 성장하면서 '내가 이 말을 하니까 저 사람 표정이 안 좋네?', '내가 이런 말투로 이야기하니까 엄마가 화를 내네?' 이런 생각의 과정을 거치며 좋은 관계를 맺는 법을 배웁니다. 그러나 ADHD가 있는 아이들은 이 과정에서 계속 삐걱댑니다.

주의집중력이 낮아 친구가 하는 말의 의도를 잘 파악하지 못하고, 이야기가 삼천포로 빠지는 경우도 많고, 친구의 표정이나 반응을 세밀하게 살피지도 못합니다.

과잉행동이 심한 아이들은 어떨까요? 친구와 차분히 앉아서 대화할 기회가 상당히 적을 수밖에 없습니다. 친구가 이야기하고 싶어도 자꾸 장난을 친다든지 자리를 이탈하여 대화가 지속되지 않지요. 목소리도 크고 말도 빨라서 듣는 사람이 배려받지 못한다는 느낌 때문에 '저 친구랑 또 이야기하고 싶다, 같이 놀고 싶다'라는 생각을 하기 어렵게 합니다.

충동성이 심한 아이들은 갑자기 기분이 상해서 욱 해버리거나 상대의 기분을 잘 살피지 못합니다. 대화 중인 어른들에게도 갑자기 불쑥 끼어들어 하고 싶은 말을 던지기도 하죠. 이런 이유로 또래와 관계를 맺기가 더 어려워집니다.

ADHD 아이의 부모뿐만 아니라 느린 학습자를 키우는 부모들은 사회성 치료를 위해 심리상담센터나 발달센터를 찾곤 합니다. 비용도 비용이지만 아이가 사회에서 좀 더 편하게 타인과 교류하도록 하기 위해 부모는 온 힘을 다해 돕습니다. 아이는 센터에서 특정 상황에서 어떻게 행동하고 어떻게 말해야 하는지 배워옵니다.

그러나 아무리 사회성 치료를 받아도 아이들의 말이나 행동이 치료 이전으로 다시 돌아가는 데는 이유가 있습니다. 사회성 발달은 가정에서의 역할이 가장 크기 때문입니다. 센터에서 수업을 매일 하기는 어렵습니다. 학교에서도 교사와 아이가 독대하는 시간은 길지 않습니다. 결국 아이는 하루의 대부분을 부모와 함께 보냅니다. 부모가 특정 상황에서 아이에게 하는 말과 행동을 그대로 배울 수밖에 없는 것이죠.

아이의 사회성을 키우고 싶다면 우리의 말 습관부터 돌아봐야 합니다. 부모가 아이에게 보여주는 말 습관은 어떠한 사회성 치료보다 영향력이 크기 때문입니다.

호감을 주는 말투를 쓰면 친구들에게 인기를 얻고, 무례한 말투를 쓰면 친구들은 멀어진다는 사실을 잊지 말고 우리 아이들에게 좋은 말 습관을 가르치도록 신경써야 합니다.

모든 아이들은 부모의 말투를 닮습니다. 말하는 습관과 표현은 물론 비언어적 요소인 목소리 크기, 억양, 표정까지도 따라 합니다. 만약 부모가 평소 짜증 섞인 말투를 자주 쓰거나 목소리가 크다면 아이도 큰 목소리로 짜증 섞인 말투를 친구들에게 쓸 것입니다. 반면, 부모가 감정 기복 없이 차분하게 말하는 습관을 가졌다면 아이도 그 말투를 닮을 확률이 높습니다.

아이가 대체 왜 저렇게 짜증을 내고 내 마음을 긁어댈까 고민되는 분들은 가족 구성원들이 서로에게 쓰는 말투가 어떤지 한번 관찰해보기 바랍니다. 가장 많이 소통하는 가족 간의 말투에서 아이들은 많은 영향을 받습니다.

눈치가 없는 아이에게 TPO 읽는 법을 알려주세요

올댓러닝 대표 문성후 박사는 《말하기 원칙》이라는 책에서 TPO(Time, Place, Occasion)의 개념에 대해 설명합니다. ADHD 아이들은 TPO, 즉 시간, 장소, 상황에 맞춰 말하는 데 어려움이 많습니다. 문성후 박사는 최적의 말하기 TPO를 찾아내려면 바로 눈치를 길러야 한다고 합니다. 상대방의 기분이나 상황의 분위기를 눈치로 파악하는 능력이죠.

ADHD 아이를 키우는 부모들은 다 공감하실 것입니다. 아이들이 눈치가 없어도 너무 없다는 것을요. 예를 들어, 다른 가족들이 배드민턴을 치는 곳에 가서 갑자기 "저도 쳐볼래요!" 하고 같이 놀려고 합니다. 그 순간, 그 가족은 어린 아이의 요구를 거절하기 어려워 난처한 표정을 짓습니다.

이런 상황은 놀이터에서도 자주 일어납니다. 친친 친구들끼리 한창 놀이가 진행 중인 상황에 갑자기 다가가 "나도 할래!" 하고 놀이의 흐름을 끊어버립니다. 아이의 적극성을 쉽게 받아주는 아이들을 만나면 다행이지만, '쟤는 뭐지? 우리를 알지도 못하면서 왜 놀자고 하지?'라고 생각하는 아이들이 더 많다는 것이 문제입니다. 눈치가 없는 아이는 점점 특이한 아이로 비치고, 놀이터나 학교에서 같이 놀기 불편한 친구가 되기도 합니다.

가정에서도 눈치 없이 행동합니다. 대표적인 것이 대화 중에 끼어들기입니다. 부모가 서로 대화를 하고 있는데, 아이는 갑자기 불쑥 끼어듭니다. 부모가 하는 말을 자르고 자신이 하고 싶은 말을 하기 시작합니다. 말을 시작하기 전에 부모가 어떤 상황이었는지 어떤 기분이었는지 어떤 대화를 하고 있는지 TPO를 전혀 살피지 못한 것이죠.

아이가 눈치 없이 부모의 대화에 끼어들 때는 즉시 잘못된 것을 알려주고, TPO 읽는 법을 알려줘야 합니다. 여기서 중요한 것은 아이의 눈을 보고 알려주는 것입니다. 그리고 같은 상황을 다시 연출하여 바른 행동을 연습할 기회를 주는 것도 중요합니다.

"세모야, 엄마 아빠가 얘기 중이야. 그럴 땐 기다렸다가 엄마 아빠 대화가 끝나면 이야기해야 해. 잠깐 기다리면서 언제 끝나는지 네가 한번 살펴봐. 알았지?" (즉시 알려주기)

"세모야, 급할 땐 이렇게 말하면 돼. '엄마, 말씀 중에 죄송하지만, 너무 급해서 그래요. 말해도 될까요?' 하고 예의 바르게 말하면 엄마 아빠도 충분히 이해해." (바른 행동 알려주기)

"엄마랑 아빠가 다시 이야기할 테니까, 세모가 다시 와서 말해볼래?" (역할 놀이)

"엄마, 말씀 중에 죄송하지만, 너무 급해서 그래요. 말해도 될까요?" (바른 행동 연습하기)

이렇게 다양한 사회적 상황에서 즉시 부모가 코칭해야 합니다. 이 과정을 통해 아이는 TPO를 구분하는 법을 배울 수 있고, 눈치도 챙기며 타인의 감정도 살필 줄 알게 됩니다.

보드게임을 통해 사회성을 길러주세요

보드게임도 아이에게 바르게 소통하는 방법을 알려주는 좋은 도구가 됩니다. ADHD 아이들은 게임을 할 때, 쉽게 과몰입하는 경향이 있습니다. 친구와 친목을 다지기 위해 하는 보드게임도 꼭 이겨야만 직성이 풀리는 아이들이죠. 졌을 때 감정을 주체하지 못해 울어버리거나 친구가 이겼을 때 흥미가 확 떨어져 "나 안 해!"를 외치며 게임을 중간에 그만두기도 하죠. 이렇게 되면 친구와 즐기기 위한 소통도 경험하지 못하고 친구들은 점점 같이 놀고 싶어 하지 않게 됩니다.

초등학교에서는 쉬는 시간에 아이들이 삼삼오오 모여 보드게임을 많이 합니다. 할리갈리, 우노, 윷놀이 등 친구들과 가까워질 수 있는 좋은 기회죠. 이때 ADHD 아이는 상대방의 입장을 잘 헤아리지 못하고 규칙도 자신에게 유리하게 적용하기도 하며 질 때는 화를 표출하기도 합니다. 웃으면서 놀이를 즐겨야 하는데 이러면 친구들이 보드게임을 같이 하고 싶어 하지 않게 됩니다.

학교에서 친구들과 원활한 소통을 할 수 있도록 집에서 부모가 함께 보드게임을 하면 좋습니다. 보드게임을 하면서 아이에게 여러 가지를 가르쳐줄 수 있기 때문입니다. 경청하는 법, 협상하는 법, 감정을 상하지 않고 건강하게 경쟁하는 법 등을 코칭할 수 있습니다.

일단, 규칙을 마음대로 변경하지 않도록 사전에 약속을 단단히 합니다.

"윷놀이를 할 때, 세모가 원하는 것이 나오지 않아도 다시 던지는 건 없어. 만약 규칙을 어기고 조르거나 반칙을 하면 오늘 게임을 할 수 없어. 알겠지?"

만약 약속과 다르게 규칙을 바꾸려고 하면 일관성 있게 보드게임을 중단해야 합니다. 한 번만 봐줄게 하는 것은 아이에게 오히려 혼란을 줄 수 있습니다.

아이가 이겼을 때와 졌을 때의 감정을 다스리고 상대방을 배려하면서 말하는 방법도 알려주셔야 합니다. 이겼을 때 "와! 내가 이겼다! 내가 더 잘하지?" 하면서 자랑하는 표현으로 친구의 경쟁 심리를 과하게 자극하는 말을 쓰지 않도록 해야 합니다. 대신 격려하는 표현을 연습시켜 주세요. "이번엔 내가 이겼지만, 너도 잘했어. 다음에는 네가 이길 수 있을 거야"처럼 상대방이 기분 좋게 게임을 계속하고 싶도록 만드는 말을 알려주세요.

특히, 졌을 때 분노하는 아이에게는 감정을 추스르지 못하면 친구들과 게임을 할 수 없다는 점을 알려줘야 합니다. 눈물이 나고 아쉬워도 하나, 둘, 셋 심호흡하며 감정을 흘려보내는 연습을 할 수 있도록 해주세요. 그리고 축하하는 법을 가르쳐야 합니다. "아, 져서 아쉽다. 그래도 이번에는 네가 정말 잘했어. 축하해"라고 담담하게 상대를 축하해 줌으로써 친구와 게임을 계속 이어갈 수 있다는 것을 경험하게 해줘야 합니다.

이런 방법으로 부모는 아이에게 보드게임을 통해 상대를 이해하고 감정을 상하지 않으면서 건강하게 경쟁하는 법을 코칭할 수 있습니다.

어느 날, 세모가 잠을 자고 있는 제게 와서 말합니다.

"엄마, 자는데 미안해. 그런데 나 너무 배고파서 그런데 간식 좀 챙겨줄 수 있을까?"

그날 저는 세모의 변화에 매우 감동했습니다. 매번 짜증만 내고, 불쑥 자기 할 말만 하는 아이라고 생각했습니다. 그러나 부모가 포기하지 않고 가정에서 꾸준히 노력한 덕분에 세모는 타인의 감정과 상황을 살필 줄 아는 아이가 되었습니다. 말을 꺼내기 전에 자신의 목소리를 조절해야 한다고 생각했고, 엄마가 잠을 자고 있으니 깨우면 기분이 상할 것이라는 것까지 생각한 것입니다. 약물 치료로는 아이의 말 습관을 고치기 어려웠습니다. 하지만 가정에서의 노력으로 아이는 어느새 변화하고 있었습니다.

비언어적 표현도 코칭해줘야 합니다

의사소통에서 언어적 의사소통이 말의 내용과 목소리 크기, 말투, 빠르기와 같다면, 비언어적 의사소통은 눈맞춤, 표정, 몸짓 등을 의미합니다. 비언어적 의사소통은 사실 가르치기가 어렵습니다. 그럼에도 아이들에게 반드시 알려줘야 하는 부분입니다.

우리 아이들은 눈맞춤과 표정이 가끔 너무 솔직해서 상대방의 기분을 상하게 할 때가 있습니다. 예를 들어, 부모님께 훈계를 받는 상황에서 아직 어린 아이는 기분이 상해 부모를 흘겨보거나 입을 삐죽 내밀고 있습니다. 부모와 선생님, 이웃 어른 모두가 예의를 지켜야 하는 존재임을 알려줘야 합니다. 표정과 눈빛도 조절할 수 있도록 자신이 어떤 표정을 짓고 있는지 알려주세요. 그렇지 않으면 학교에서 선생님께 지적을 받거나 기분 상하는 상황에서 충동적으로 예의 없이 선생님을 쳐다보거나 표정 관리를 하지 못해 의도치 않게 버릇없는 아이로 비칠 수 있기 때문입니다.

무엇보다 중요한 것은 부모가 모델이 되는 것입니다. 아이와 대화할 때 팔짱을 끼거나 위에서 내려다보는 것이 아니라 같은 눈높이에서 따뜻한 눈맞춤과 열린 자세로 아이에게 집중해야 합니다.

가끔 휴대폰을 보며 아이에게 말을 하는 경우를 볼 수 있습니다. 이것은 마치 아이가 게임을 하면서 부모의 말에 건성으로 대답하는 모습과 다를 바가 없어 보입니다. 아이와 대화할 때는 엄마 아빠가 너의 말에 온전히 집중하고 있다라는 느낌을 줘야 합니다. 눈맞춤, 표정, 몸짓 등을 통해 모범을 보여주는 것입니다. 아이가 다른 사람과 대화할 때 어떻게 상대방의 눈을 맞추고, 어떤 표정을 짓고, 어떤 자세로 경청해야 하는지를 부모님이 몸소 모델이 되어야 합니다.

3

단짝도 없고 무리에도 끼지 못하는 아이들

거절당하는 우리 아이, 외로워서 어쩌죠?

사회성 발달이 느린 아이들은 친구들과 어울리는 것이 쉽지 않습니다. 부모님은 사회성 치료와 ADHD 치료를 받으며 아이가 다른 아이들과 잘 어울리고 친구도 많이 사귀길 바랍니다. 하지만 기대는 종종 실망으로 이어질 수 있음을 우리는 알고 있죠.

아이를 놀이터에 데려가면 이미 형성된 또래 무리에 합류하는 것이 결코 쉽지 않습니다. "저기 가서 같이 놀아"라고 격려하며 등을 밀어보지만, 아이는 거절당할까 두려워 주저하게 됩니다. 조용한 ADHD의 경우 불안도 높고 실수하는 것이 두려워 관계 맺기에 더욱 도전적이지 못합니다.

또래보다 발달이 늦은 아이가 또래와 어울리지 못하고, 가끔 성격이 드센 아이들을 만나 괴롭힘을 당하거나 이용만 당하는 것을 보면 부모의 마음은 무너지는 것 같습니다.

아이의 친구 한 명 한 명이 얼마나 소중한지 다른 부모님들은 모를 것입니다. 누구는 친구 생일 파티에 초대를 받아 선물을 사야 한다는데, 저는 한 번도 아이 손에 선물을 들려 보내본 적이 없습니다. 그래도 세모는 남자아이라 단짝 친구라는 개념보다 이 친구 저 친구 무리 지어 놀다 보니 학교에서 외롭지 않다고 합니다.

그러나 여자아이들은 단짝이라는 개념이 상대적으로 견고합니다. 7살만 되어도 '얘는 내 친구'라는 단짝이 생깁니다. 함께 다니고 싶은 가장 친해야만 하는 친구를 만들기 시작하는 것입니다. ADHD 아이들은 친구와 대화가 잘되지 않거나, 과잉행동으로 교실에서 지적받는 아이로 비치면 단짝이 되기 어려워집니다.

이렇게 거절당하는 일이 일상인 아이들을 볼 때면 부모인 우리는 그저 외롭고 안쓰러워 보이실 것입니다. 중학교에서도 친구 없이 혼자인 아이들을 자주 봅니다. 급식을 먹을 때도 혼자, 체육관으로 이동할 때도 혼자, 놀이공원 체험학습을 가도 혼자 다니는 아이가 됩니다. 부모와 교사가 보기에 참 쓸쓸하고 외롭습니다.

그러나 이제 부모는 아이를 바라보는 시선을 바꿔야 합니다. 아이가 외롭고 쓸쓸해 보이는 건 우리가 그렇게 보기 때문입니다. 아이는 혼자가 편할 때도 있습니다. 맞지 않는 친구와 억지로 친구가 되는 것은 아이에게 힘든 일입니다. 쉬는 시간에 혼자서 책을 읽거나 자신이 할 일에 집중하는 것이 더 마음 편할 수 있습니다. 친구가 많기를 바라는 마음에 "오늘은 누구랑 놀았니?", "체험학습 점심은 누구랑 먹을 거니?"라고 캐묻듯 물어보는 것이 오히려 아이에게 스트레스가 될 수 있습니다. 부모의 질문 자체가 '혼자인 것은 나쁜 것이다'라는 느낌을 주기 때문입니다.

또래보다 사회성 발달이 느린 친구들에게 친구가 많기를 기대하면 실망만 늘어납니다. 중학교에서 보면 평소 특수학급에서 수업을 받다 가끔 통합반에 와서 수업을 듣는 친구들이 있습니다. 아무래도 다른 친구들은 가끔 오는 친구가 어색합니다. 이런 상황에서 아이가 통제할 수 있는 것은 많지 않습니다. 친구를 많이 사귀는 것이 아이가 진정 원하는 것인지도 우리는 알 수 없습니다. 그러니 부모가 바라보는 시선이 부정적인 것은 아닌지 다시 한 번 돌아보길 바랍니다. 우리 아이들은 맞지 않는 친구 관계로부터 벗어나 편안한 자신과 홀로 있는 것이 더 편할 수도 있습니다.

관계가 어려운 아이들이 배워야 하는 것은

우리 아이들이 배워야하는 것은 사회적 기술이나 또래 관계가 아닙니다. 진정 아이들에게 필요한 것은 자기 자신을 지키는 법을 아는 것입니다. 학교에서 보면 관계 맺기가 어려운 친구들은 또래와 교류가 많지 않다 보니 누군가가 자신에게 하는 말이나 행동이 호의인지 아닌지를 잘 구분하지 못합니다.

예를 들어, 교실에서 불량한 친구가 이들을 부릅니다. "나한테 만 원만 빌려줄 수 있어? 내가 오늘 급하게 병원을 가야 하거든. 내일 내가 이만 원으로 갚을게" 하며 돈을 요구합니다. 그럴듯한 목소리와 이야기로 친구에게 돈을 갈취하는 것이죠. 그런데 친구가 말을 걸어주고 돈도 더 주겠다는 말을 호의로 여긴 아이들은 돈을 쉽게 주게 됩니다. 누가 봐도 호의가 아닌데 말이죠.

제가 학교에서 보는 혼자가 편한 친구들은 자신을 지킬 줄 아는 것이 가장 중요해 보였습니다. 비록 친구들과 원만하게 어울리지 못해도 가장 소중한 것은 자기 자신이라는 인식, 그리고 악의를 가진 친구로부터 자신을 지키는 법을 알려주셔야 합니다. 구체적으로 사례를 들어 알려주셔야 합니다.

"친구가 갑자기 돈이 필요하다고 돈을 달라고 해도 절대 빌려주면 안 돼. 꼭 네가 빌려줄 필요는 없는 거야. 빌려주면 안 돼."

"어떤 사람도 너를 때리거나 아프게 해선 안 돼. 친한 친구라 생각해도 네 몸이 아픈 일이 생기면 꼭 학교폭력으로 신고하거나 엄마한테 이야기해야 해. 신고하는 것은 용기 있고 똑똑한 행동이야."

"너의 몸뿐만 아니라 마음 역시 다른 사람이 다치게 한다면 꼭 잊지 않고 엄마나 아빠에게 말해줘야 해. 그게 소중한 너를 지키는 일이야."

선택권은 너에게 있어

우리 아이가 어떤 친구에게 놀림을 받거나, 친구가 계속해서 시비를 걸어 기분이 상할 때가 있을 것입니다. ADHD 아이들은 하나에 꽂히면 계속 그 생각이나 행동에 집착하곤 합니다.

"엄마, 나는 동글이랑 놀고 싶은데 동글이는 자꾸 나랑 놀기 싫대."

가뜩이나 속상한데 대놓고 말하는 친구가 나타나면 마치 저에게 놀기 싫다고 하는 것처럼 기분이 불쾌해집니다. 그런데도 아이는 동글이를 쫓아다니면서 같이 못 놀아서 속상해합니다. 며칠 뒤, 동글이는 또 아무렇지 않게 우리 아이를 찾는 모습을 보이곤 합니다.

아이에게 관계를 맺고 끊는 선택권은 항상 자신에게 있다는 것을 알려줘야 합니다.

"선택권은 너에게 있어. 동글이가 '야, 쟤랑 놀지마' 하는 것은 따돌림이야. 그건 동글이가 잘못한 거야. 너처럼 착하고 좋은 친구와 안 놀고 싶다고 하면, 네가 결정하면 돼. 안 놀면 되는 거야."

아이들은 또래에게 거절당하면, 관계 회복을 위해 사력을 다합니다. 좋아하는 물건도 주고, 엄마가 챙겨준 간식을 가져다주면서 자신을 거절한 관계를 회복하기 위해 온갖 고생을 합니다. 하지만 아이는 알아야 합니다. 그런 불균형한 관계는 몸도 마음도 지치는 일이라는 것을요. 그리고 바로 "NO!"

를 외치고 자신을 위한 결정을 하도록 가르쳐줘야 합니다.

　단짝도 없고 무리에 끼지도 못하는 아이들을 이제 외롭게 불쌍하게 보지 마세요. 많은 또래와 어울리는 법을 익히는 것보다 자기 자신을 지키는 법을 아는 것이 더 중요합니다. 또한, 관계를 맺고 끊는 것은 자기 자신이 결정하는 것이라는 점을 잊지 않도록 해야 합니다.

　사회성 발달이 느린 아이들은 거북이 같습니다. 거북이들은 무리를 지어 바다를 마음껏 누비던데 우리 거북이들은 왜 이렇게 관계 맺기가 어려울까요? 사실 거북이들은 각자 홀로 지내는데 우리가 무리 지어 다닌다고 보는 것은 아닐까요? 거북이들이 위험을 느낄 때 등껍질에 머리를 쏙 넣는 것처럼 우리도 자기 자신을 지키며 살야야 하는 것은 아닐까요?

4

ADHD와 분노가
만날 때

ADHD 아이는 왜 화가 날까?

ADHD 아이들을 키우다 보면 감정 조절, 특히 분노 조절이 잘되지 않는 모습을 봅니다. 아무리 인간의 기본 감정이라고 해도 정도가 지나치면 주변인이 감당하기 어렵습니다. 예고 없이 터지는 아이의 분노를 견뎌내야 하는 것은 주로 아이의 부모입니다. 학교에서도 자꾸 전화가 오기 시작합니다. 같은 교실 친구들이 분노가 가득한 아이를 견디기 힘들어하기 때문입니다.

그런데 무엇보다 가장 힘든 것은 화를 내는 당사자, 바로 우리 아이입니다. 이렇게 화를 내고 나면 몰려드는 자책감에 힘겨워합니다. 누구도 가까이하고 싶지 않아 어느새 외톨이가 된 아이들도 많지요.

화를 내는 아이도 자신이 왜 화를 내고 있는지 제대로 인지하지 못하는 경우가 많습니다. 왜 우리 아이들은 계속 화가 날까요?

첫 번째, 억울한 감정을 많이 경험하기 때문입니다.

아이는 선생님 말씀을 잘 듣고 수업을 열심히 들어야 한다는 것을 이미 알고 있습니다. 그래서 수업을 잘 들으려고 하지만 갑자기 선생님이 아이의 이름을 부릅니다. 모두 아이를 쳐다보고 아이는 당황합니다. "선생님이 뭐라고 했지? 책 덮고 학습지 풀라고 했잖아." 그제야 아이는 학습지를 꺼냅니다. 잠시 선생님 말씀에 주의를 기울이지 못하고 다른 곳에 집중하고 있었습니다. 아이는 이런 상황을 원하지 않았지만, 자꾸 억울한 일이 생깁니다.

편안해야 할 집에서도 자꾸 억울한 일이 생깁니다. 세모는 발에 물건이 닿으면 발로 차는 버릇이 있습니다. 차지 말라고 100번도 넘게 이야기했습니다. 세모도 발로 차면 안 된다는 사실을 알고 있지만, 충동성이 계속하게 만드는 것입니다. 자기도 왜 이 행동을 고치지 못해 계속 혼나는지 알 수가 없습니다. 그렇게 또 억울한 일이 하나 더 쌓입니다.

이런 일이 반복되면 아이의 감정에 분노의 씨앗이 자라납니다. 부모님이 자기의 이름을 부를 때, 선생님이 자기의 이름을 부를 때, 아이는 왠지 모르게 기분이 안 좋습니다. 자신의 이름이 불릴 때는 대부분 안 좋은 일이 많았기 때문입니다. 그렇게 아이는 누군가에게 자신의 이름이 불리면 분노가 치솟습니다. 억울함이 쌓여 분노가 되는 것이죠.

두 번째, 언어 발달이 느리기 때문입니다.

ADHD 아이들은 언어 발달이 느리거나 난독증이 있는 경우가 많습니다.

특히, 난독증은 아이의 언어 발달을 더 어렵게 만드는 요인인데요. 왜 언어 발달이 느린 아이들은 화를 조절하기 어려울까요?

언어라는 것은 자기의 생각이나 감정을 타인에게 전달하기 위한 수단입니다. "나 기분이 안 좋아. 네가 그렇게 하지 않았으면 좋겠어"라고 말해야 하는데, 왜 기분이 안 좋은지 상대방에게 어떻게 전달해야 할지 몰라 속에서 끓어오르는 감정을 상대방의 기분과 상관없이 화로 표출하는 것입니다. 또한, 상대방의 의도를 잘 오해하기도 합니다. 친구나 어른들의 말이 그런 의도가 아니었는데도 대화의 흐름이나 상대의 의도를 읽지 못해 갑자기 기분이 상해 버리고 쉽게 화를 내기도 합니다.

세 번째, 약효가 사라지는 시간의 반동 현상 때문입니다.

약물을 복용하는 아이의 경우, 약효가 사라지는 시간에 억제되었던 감정의 기복이 심해지고 예민해지면서 화를 내기도 합니다. 또는 약물의 부작용으로 예민과 불안이 높아지면서 화를 내기도 합니다. 약물 치료를 하면서 100% 만족하는 약을 만나는 것은 어렵습니다. 모두 조금씩은 부작용이 있기 때문입니다. 부작용이 있음에도 치료 효과가 더 크기에 약물 치료를 이어가는 것이죠.

세모의 경우 약효가 사라지는 오후 6시쯤이 되면 과잉행동이 심해집니다. 눌려있던 과잉행동이 다시 올라오는 것이죠. 이런 반동 현상이 2시간 정도 지속됩니다. 이때, 뭔가 트러블이 생기거나 기분 나쁜 일이 발생하면 평소보다 더 화를 내기도 하고 감정 조절을 못 해 눈물을 흘리기도 합니다.

분노도 다루는 법을 알려줘야 합니다

이렇게 아이들은 항상 분노를 가까이 두고 생활하고 있습니다. 우리 아이의 분노를 어떻게 다루면 좋을까요?

분노도 여러 감정 중 하나입니다. 그 감정을 이해하지 못하면 분노는 남에게 던지는 아픈 돌이 됩니다. 그러나 분노라는 감정을 인지하고 다루는 연습을 하면 분노를 관리하면서 타인과 건강한 소통을 이어갈 수 있습니다.

첫 번째, 아이가 분노할 때는 자신이 지금 흥분해서 화를 내고 있다는 사실을 인지하도록 도와주세요.

"동글아, 너 지금 너무 흥분했어. 너무 화가 난 상태야. 지금 이렇게 화내면 너의 마음이 어떤지 알 수 없어. 진정되면 알려줘"라고 아이에게 자신의 감정을 마주하게 해야 합니다. 그리고 가끔 부모들이 같이 화를 내는 경우가 있습니다. "왜 짜증이야! 그렇게 소리 지르고 화를 내면 다 들어주는 줄 알아?" 이런 방식은 불난 집에 부채질하는 행동입니다. 절대 같이 화내서는 안 됩니다. 이미 화를 많이 내는 아이에게 자극적인 모습을 몸소 보여주며 가르쳐주지 마세요.

분노에 사로잡힌 아이에게는 대화할 수 없다는 것을 확실히 알려주셔야 합니다. 스스로 화를 다스리는 법을 익혀야 합니다. 처음에는 어려워도 점점 자신과 대화하기 위해 화를 다스리고 진정하는 방법을 익히게 될 것입니다.

두 번째, 건강한 방법으로 화를 해소하는 방법을 가르쳐주세요.

'내가 화를 내고 있구나. 진정이 안 되는구나'를 인지했다면 건강한 방법으로 진정하고 해소하는 법을 알려줘야 합니다. 세모는 가끔 감정적으로 예민해져 해소가 필요할 때는 아빠와 개천에 나가 돌을 실컷 던지고 옵니다. 사람이 없는 곳에서 돌을 던지며 안 좋은 감정을 함께 던지라고 말해줍니다.

글을 쓸 수 있는 나이가 되면 본인의 감정을 글로 표현하는 방법을 알려줍니다. 이 방법은 언어 발달이 느린 아이에게 다양하고 복잡한 자신의 감정을 어떻게 읽고 표현해야 하는지 알려주는 좋은 방법입니다. 아이에게 오늘의 감정을 고르게 하고 그 감정을 글로 써보도록 하는 것입니다.

이러한 연습 덕분에 세모는 자신의 감정을 썩 잘 표현하는 아이가 되었습니다. 어느 날 책상 정리 약속을 어겨 아빠에게 쓴소리를 듣던 세모는 아빠에게 다가와 "아빠, 근데 약속을 어겼다고 하지 말아 줄래? 나는 잠들기 전에 하려고 했던 건데 약속을 어겼다고 하면 속상해"라고 울고 화를 내는 대신 논리정연하게 자신의 감정을 표현하게 되었습니다.

아이의 마음에 분노가 가득하면 함께 생활하는 가족은 물론 학교 친구들과 선생님은 아이를 대하기 어렵고 소통하기 두려워집니다. 그러나 아이의 분노를 가만히 들여다보면 그 분노의 뒤편에는 아이가 말하고 싶은 것이 있습니다. 억울함이 쌓이고 자신의 감정을 제대로 표현하지 못하다 보니 분노가 통제되지 않고 튀어나오는 것이죠.

ADHD 치료를 하면서 분노는 한결 줄어들 수 있겠지만, 분노란 없앨 수 있는 감정이 아닙니다. 따라서 우리는 아이에게 분노를 잘 다루는 방법을 알려줘야 합니다. 중요한 것은 'ADHD라서 그래'라고 단정 짓지 말고 아이의 회복 능력을 믿어야 한다는 것입니다.

세모의 변화를 지켜보면서 우리 아이들도 충분히 자신의 감정을 마주하고 관리하면서 더 성장할 수 있다는 것을 알 수 있었습니다.

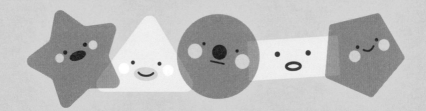

6장

ADHD 아이의
엄마로
산다는 것

6장

ADHD 아이의
엄마로
산다는 것

1

엄친아보다 두려운
아친엄과의 관계

엄친아가 아니고 아친엄

유치원 시절 사고뭉치 세모는 교실에서 규칙을 어기거나 밖에서 갑자기 지나가는 친구를 붙잡고 대뜸 "어디 가?"냐고 묻는 등 제 얼굴을 붉히는 일들을 참 많이도 저질렀습니다. 이런 일을 겪을 때마다 얼굴이 붉어지다 못해 남아있는 피부가 없을 정도로 면피가 한 겹씩 벗겨지는 기분이었습니다. 창피하고 민망했지요.

민망한 상황이 정리되면 실없이 웃고 있는 세모에게 그 상황이 얼마나 황당하고 잘못된 것인지 매몰차게 설명했습니다. "죄송합니다"라는 말을 입에 살고 사는 인생의 시작이었습니다. 어느새 자존심 따위는 잊고 자동으로 사과의 말을 하는 제 자신을 보며 '직업이 교사인데 자식 하나는 잘 키우겠지'라고 자만했던 과거는 저의 오만이었다는 것을 깨달았습니다.

이렇게 세모를 키우면서 아들 친구의 엄마, 그들이 참 두려워졌습니다. 세모의 과한 행동이 그들에게 많이 불편했겠지만 자신의 아이를 세모로부터 지켜야 한다는 방어 자세는 저를 힘들게 했습니다. '대체 애를 어떻게 키우는 거야?'라는 차가운 눈초리를 받을 때면 저는 한없이 작아졌습니다.

아친엄들이 여러 명 모여 있을 때는 그 모습이 거대한 석상처럼 차갑고 거리가 느껴졌습니다. 물론, 아친엄들의 행동과 눈초리가 이해되지 않는 것은 아닙니다. 우리 모두 사람인데 자기 자식을 향한 불편한 행동과 언행을 어떻게 다 웃으면서 받아줄 수 있겠습니까?

아친엄들에게 상처를 입으면 저는 미숙하게도 그 분노를 우리 세모에게 퍼부었습니다.

"엄마가 몇 번 말했어? 그 행동은 다른 사람에게 피해 주는 행동이라고 했어? 안 했어?"

"너 그렇게 행동하면 아무도 너랑 안 놀아줘!"

이렇게 모진 말들을 쏟아내면 그 끝은 결국 자책이었습니다. 이런 부정적인 감정들이 무엇이 문제인지도 모르게 축적되어 결국 우울이라는 늪에 빠지게 했습니다. 딱 이대로 나만 이 세상에서 사라졌으면 좋겠다는 생각도 했지요.

그렇게 전 살기 위해 심리상담센터에 갔습니다. 6개월의 긴 상담을 받았습니다. ADHD 아이를 키우는 엄마들은 저와 같은 부정적인 감정의 사이클

(수치심-분노-자책)에서 빠져나오기 어려울 것입니다.

상담의 과정에서 수치심과 분노를 느끼는 감정의 근원을 알게 되었습니다. 교사라는 직업을 가진, 나라는 사람의 자아를 세모의 것과 분리하지 못한 탓이라는 것을요. 자녀와 자신을 분리할 수 있었다면, 세모가 문제를 일으킨 상황에서 내가 수치심을 느낄 필요가 없다는 것을 이해했을 것입니다. 오히려 세모에게 침착히 행동의 잘못됨을 알려주고 피해를 본 사람에게 사과를 하도록 당당히 가르쳤겠지요. 그들도 세모의 행동에 불편함을 느낀 것이지, 저에게 눈치를 주려고 쳐다본 것이 아닐 수도 있었을 것입니다.

그리고 '이게 다 너 때문이야'라는 메시지들이 아이에게 얼마나 큰 상처가 되는지도 깨달았습니다. 우리 아이들은 본인이 왜 이 행동을 했는지, 저 말을 했는지에 대해 생각하고 행동하기가 매우 어렵습니다. 상대방이 불편해하는 표정과 목소리의 톤마저도 주의력 부족으로 공감하기 어려워하지요. 이러한 특성을 제대로 알고 있었다면 세모에게 의료기 있었다는 듯이 세모의 탓을 하지는 않았을 것 같습니다.

아친엄들과의 두려운 관계 극복하기

아친엄과의 관계는 왜 어려울까요? 아마도 내가 원해서 만든 관계가 아닌,

같은 학부모라는 이유로 맺게 된 관계, 어쩌다 보니 자주 마주치며 몇 번 오가는 대화가 만들어 낸 관계이기 때문이 아닐까요? 그런 인연들과 결이 맞는 것 자체가 어쩌면 기적일지도 모릅니다.

아이가 어릴 때는 아이의 성격이 두드러지지 않습니다. 또래들끼리 그저 재미있게 놀기 때문에 엄마들은 신경을 덜 씁니다. 그러다 아이가 6~7살이 되면서 아이들의 개성이 드러납니다. 아이들은 좋아하는 친구도 생기고 싫어하는 친구도 생기기 시작합니다. 아이들도 같은 어린이집에서 결이 맞고 함께하면 편하고 즐거운 친구를 만나기 어렵습니다. 그런데 엄마들까지 성격이 맞는다면 그건 정말 기적일 수밖에 없습니다. 아친엄은 원래 어려운 관계입니다. 단지 아이의 ADHD 때문에 더 두려워졌을 뿐이지요.

그럼 아친엄과의 관계를 어떻게 극복할 수 있을까요?

첫 번째, 아이의 행동에 의도가 없다는 것을 마음에 새기기 바랍니다.

아이의 행동을 좀 더 이해하면 혼내기보다 가르쳐줄 수 있는 마음의 여유가 생깁니다. 아친엄들은 우리 아이의 특성을 모르죠. 그러나 부모인 우리는 너무나 잘 알고 있기에 우리는 아이의 편에서 온전히 아이를 이해해 줘야 합니다.

두 번째, 아친엄들의 불편함을 이해하려고 노력해야 합니다.

우리 아이들의 충동적이고 과한 행동들 때문에 다른 아이들은 불편할 수밖에 없습니다. 아이의 과잉행동으로 타인에게 피해를 줄 만한 장소나 상황을 만들지 않는 것도 방법입니다. 약물 치료를 시작하지 못하는 미취학 시기는 과잉행동-충동형 아이를 키우는 부모에게 가장 힘든 시기입니다. 이 시기에 저는 세모를 사람이 북적대는 공공장소는 물론 주말의 학습 체험 등도 신청하지 않았습니다. 외롭고 억울하겠지만 생각하기 나름입니다. 눈치 볼 사람 없는 넓은 잔디밭에서 온전히 아이와 둘만이 행복한 시간을 보낸다고 생각할 수도 있습니다.

세 번째, 자신이 자의식이 강한 사람인지 돌아보기 바랍니다.

다른 사람이 어떻게 생각하는지 과하게 신경 쓰이나요? 자의식이 강한 사람은 높은 도덕성과 과한 눈치로 자신을 갉아먹는다는 것을 알아야 합니다. 또한, 이런 자의식은 아이를 감사한 마음으로 바라보는 것마저 방해합니다. 타인의 시선 때문에 수치스럽고 불편한가요? 그 타인은 아마도 우리와 길어야 3개월 정도 오가며 만나는 가벼운 관계일 것입니다. 하지만 아이와 엄마의 관계는 어떨까요? 영원히 서로의 곁을 지킬 가족이지요. 가치 있는 곳에 의식을 두시기 바랍니다.

마지막으로 앞으로 만나게 될 불편한 시선들을 용서해야 합니다.

그들은 모릅니다. ADHD 아이를 키우는 우리가 어떤 짐을 지고 있는지 말입니다. 우리 아이들이 얼마나 고군분투하며 하루를 견디는지를 말입니다. 그러니 용서하세요. 무지에서 오는 공감의 부재를 말이죠.

신기율 작가의 《관계의 안목》이라는 책의 에필로그 한 부분을 함께 나누고 싶습니다.

"후회 없는 관계는 내가 먼저 상대의 잘못을 용서하는 용기를 낼 때 만들어질 수 있다. 용서할 수 있어야 미움 없이 상대에게 공감할 수 있고, 공감할 수 있어야 상대의 모습을 온전히 볼 수 있는 맑은 눈을 갖게 된다."

결국, 아친엄으로부터 느끼는 우리의 두려움을 극복하는 방법은 용기 있는 우리의 용서일 것입니다. 그래야 우리는 맑은 눈으로 아이를 보고 우리가 만나는 모든 관계들의 모습을 온전히 있는 그대로 볼 수 있을 것입니다.

2

나를 살리는
지지자들을 곁에 두세요

의지할 수 있는 선한 울타리를 만드세요

아이의 ADHD를 누구에게 고백하셨나요? 고백이라는 말이 어찌 보면 웃기지만, ADHD에 대한 편견이 가득한 세상에서 "사실, 세모는 ADHD야"라는 말을 하기까지는 쉽지 않았습니다. 하루 진부터 고민해야 했고, 심호흡을 열 번 해야 겨우 내뱉을 수 있는 문장이라는 걸 우리 모두 알고 있지요.

나의 이야기도 아닐뿐더러 아이의 이야기라 다른 사람에게 더 말하기 어려웠습니다. 그런데 이미 나의 삶에 들어온 아이의 ADHD를 뺀다면, 이제는 제 삶을 설명하기가 어렵습니다. 그만큼 아이의 ADHD는 제 삶에서 큰 부분을 차지하고 있기 때문입니다.

세모가 ADHD 진단을 받고, 처음에는 누군가에게 깊은 위로와 공감을 받고 싶었습니다. 아이에게 기대했던 모든 것들을 무너뜨리는 진단명이었기에 그 당시엔 두려움, 분노, 억울함, 자책감 등 모든 부정적인 감정들이 휘몰아쳤습니다. 맨몸으로 격한 파도를 맞는 듯이 무기력하고 눈물만 흐르던 날이었죠. 밤이 두려워지기까지 했습니다. 잠든 아이를 보면 그저 건강해 보이는데 '우리 아이가 ADHD랍니다'라고 되뇌면서, '그냥 이대로 내가 사라지면 이 우울감과 고통은 사라질까?' 이런 생각이 극단으로 치닫던 매일의 연속이었습니다.

그렇게 전화기를 들고 평소에 다녔던 상담센터 원장님께 전화를 했습니다.

"선생님, 저 좀 살려주세요. 너무 우울해서 밥도 못 먹고 있어요. 아이를 위해 잘 해내야 하는데 이대로 사라지고 싶어요."

"세모 어머님, 지금 어디세요? 오후 2시에 시간이 비어요. 상담하러 바로 오세요."

"선생님, 세모가 ADHD 진단을 받았습니다." 처음으로 가족이 아닌 누군가에게 세모의 진단명을 고백하는 순간이었습니다. 상담 선생님께 입 밖으로 내뱉는 순간, 아이의 진단명은 꿈이 아니라 현실이고 이제는 그것을 받아들여야 한다는 것을 깨달았습니다.

우리는 여러 명의 몫을 해내며 살아갑니다. 누군가의 딸, 아내, 엄마 역할을 모두 해내죠. 이러한 정체성에 가장 무거운 역할, ADHD 아이를 키우는 엄마가 이제 추가된 것입니다. 혼자 짊어지기엔 너무 힘에 부쳐 누군가에게 털어놓아야 하는데 처음에는 누구에게도 말하지 못할 것입니다. ADHD가 있는 우리 아이를 어떻게 바라볼지, 부모로서 그것이 가장 두렵기 때문입니다.

그러나 우리에게는 아이의 ADHD를 고백할 수 있는 사람들이 반드시 필요합니다. 아이의 ADHD가 우리의 삶에서 쉽게 사라지는 것도 아니고, 아이와 함께 가야 할 긴 시간 동안 주변인의 지지 없이는 쉽게 지치기 때문입니다. 다만 나를 지지해 주는 사람들이 만드는 울타리는 반드시 선해야 합니다. ADHD에 대해, 정신과 진단명에 대해 편견이 없는 선한 사람들이 만든 울타리여야 합니다. ADHD 아이를 키우는 엄마가 아닌 저라는 사람을 있는 그대로 봐주는 사람들 말이죠.

저에게는 가장 가까운 남편이 1번이었고, 친정 부모님이 그다음이셨습니다. 친정 부모님은 세모의 ADHD를 잘 받아주셨고, 육아에 지칠 때면 가끔 세모와 네모를 기꺼이 돌봐주십니다. 아이의 성향과 투약 요령도 잘 숙지하고 계시기에 부탁드리기도 마음이 편했습니다. 또한, 가장 믿을 수 있는 친구들에게도 아이의 ADHD를 고백했습니다. 이 친구들은 누구보다 다양성의 가치를 잘 아는 친구들입니다. ADHD를 객관적으로 바라보고 ADHD 아이도 훌륭하게 성장할 수 있다고 언제나 긍정적인 말로 저의 불안감을 잠재워 주는 소중한 인연입니다.

이들을 무엇보다 신뢰할 수 있었던 것은 세모의 과잉행동도 그저 아이답게 봐주고 세모 그대로의 모습을 사랑해 주기 때문입니다. 엄마는 본능적으로 압니다. 누가 나의 아이에게 우호적인지 아닌지를요. 세모 역시 이들과 있을 때 더욱 편안함을 느낍니다. 아이도 본능적으로 느끼는 것이겠지요.

이런 관계는 멀리하세요

세모의 ADHD 진단 이후, 제 주변의 관계들도 분명해지기 시작했습니다. 어디까지가 내가 말할 수 있는 사람들인가. 나의 가장 어두운 곳을 누구에게 보여줄 수 있는가. 생각보다 전 자존심이 센 사람이었습니다. 좋은 것만 말하고 싶은 관계들이 많다는 것을 알았거든요.

제 치부라고 생각하지는 않지만 세모의 ADHD를 털어놓는 것은 쉽지 않았습니다. 아무리 가까워도 어떻게 받아들일지는 말하기 전까지 알 수 없는 노릇이라 항상 세모에 대해 이야기하는 것을 조심해야 했습니다.

일단 다른 집 아이에 대해 부정적인 평가를 하는 사람은 조심해야 합니다. 아이를 키우는 부모라면, 아이들을 가르치는 교육자라면 알 것입니다. 아이들은 모두 장점뿐만 아니라 단점도 있다는 것을요. 다른 집의 사정이나 다른 집 아이에 대해 잘 알지 못하면서 그 아이의 단점을 스스럼없이 말하는 사람을 보셨을 것입니다. 그 사람의 다음 대상이 우리 아이가 될 수 있다는 것은 조금만 상상해도 알 수 있습니다.

ADHD에 대한 이해가 부족한 사람도 피하는 것이 좋습니다. 당연한 말이지만 ADHD에 대한 이해가 적은 사람은 미디어에 나오는 극단적인 모습만 보고 편견에 사로잡힌 사람인 경우가 많습니다. 그리고 아이 스스로가 가장 힘들다는 것을 잘 이해하지 못합니다. 자신과 자신의 아이에게 피해가 될까 걱정하고 거리를 두려고 하는 사람들도 있습니다. 이런 사람들에게 함부로 아이의 진단명을 오픈했다가 아이도 엄마도 상처받을 수 있습니다.

자신의 아이와 다른 아이를 비교하는 사람도 멀리해야 합니다. ADHD 아이를 키우다 보면 어쩔 수 없이 또래와 비교하는 일이 생깁니다. 아무리 자신의 길을 가라고 가르쳐도 어른인 저희가 보기에 느려 보이는 아이의 성장 속도를 다른 아이들과 비교하지 않을 수 없지요.

하지만 여러 인연을 만나다 보면 고작 10년 남짓 살아온 아이의 현재 모습을 보고 미래를 호언장담하는 사람을 만나기도 합니다. 자기 자식에 대한 믿음은 나쁜 것이 아닙니다. 나쁜 타인의 아이를 깎아내림으로써 자신의 아이를 치켜세우는 사람은 멀리해야 합니다. 우리 아이만의 속도로 키우는 것도 버거운 상황에서 다른 아이의 성취를 들어가며 우리 아이를 비교 대상으로 삼지 말아야 하기 때문입니다.

우리들의 가장 어둡고 무거운 비밀을 공유할 수 있는 선한 울타리, 그 소중한 인연을 꼭 만드세요. 오직 나를 살리는 지지자들로 이루어진 선한 울타리 속에서 우리의 사랑스러운 아이는 태어난 모습 그대로, 성장하는 모습 그대로 인정받을 수 있습니다. 가장 힘들고 어두운 부분을 꺼내어 보여줄 때, 더 이상 혼자만의 짐이 아니게 되었습니다. 오직 어둠만 바라보고 있을 때, 그들은 제가 갇혀있는 동굴에 빛을 들고 찾아올 이들입니다.

3

나에게 가장 중요한
한 사람

그저 방해꾼인 한 사람, 남편

ADHD 아이들은 전두엽 발달이 느리다고 했습니다. 아이들을 키우면서 우리는 아이의 전두엽 발달에 집중해야 합니다. 수잔 정 박사의 《나와 나의 가족이 경험한 ADHD》에서는 전두엽의 중요성에 대해 이렇게 말합니다.

"어린이의 전두엽은 25~30세까지 계속 성장한다. 따라서 감정조절 능력이나, 집중력, 판단 기능, 기억력, 기타 집행 능력이 계속 발달한다. 나는 환자나 부모들에게 이 점을 강조하고 환자의 현재 증세가 아무리 심할지라도 희망을 잃지 말라고 말했다."

즉, 전두엽의 성장은 성인이 되어서도 계속 이어지니, 아이가 ADHD라 해서 좌절하지 말라는 의미입니다. 성장이 멈춘 것이 아닙니다. 다소 느릴 뿐이지 분명 계속 성장하고 있습니다.

여기서 수잔 정 박사는 전두엽 발달을 방해하는 두 가지 상황을 말합니다. 첫째, 환자가 술이나 마약에 깊이 빠진 경우와 둘째, 집안이 파괴되어 버린 경우입니다. 앞서, ADHD 아이들은 항상 중독에 경계해야 한다고 말했습니다. 여기서는 두 번째 예외, 파괴된 집안에 대해 더 이야기하고자 합니다.

ADHD 때문이 아니더라도 부부는 아이가 태어나는 순간부터 양육 방식에 대한 문제로 자주 다툽니다. 서로 사랑해서 만났지만 부부에게 아이라는 공통분모가 생기는 순간, 엄마와 아빠라는 또 다른 정체성이 생기기 때문입니다. 그런데 아이가 ADHD라면 남편과의 의견 충돌은 더 잦아질 수밖에 없습니다.

아이를 키우는 엄마의 입장에서 생각해보면, 남편은 그저 방해꾼입니다.

"여보, 동글이 어린이집에서 또 전화 왔어."

"뭐? 대체 우리 애는 왜 이렇게 정신없는 거야?"

"TV를 보니 ADHD 아이들이 나오던데, 동글이도 ADHD가 아닐까?"

"애들이 다 그렇게 크는 거지! 무슨 ADHD야?"

아이와 많은 시간을 보내다 보니 아이의 ADHD를 먼저 눈치 채는 것은 대부분 아이의 엄마입니다. 엄마의 촉을 무시할 수 없죠. 하지만 아빠는 일단 부정하고 싶어 합니다. 하지만 아이 친구 엄마들의 따가운 눈총을 받거나 어린이집과 학교의 불편한 전화를 받는 것은 바로 엄마입니다.

물리적으로 아이와 함께 하는 시간이 적은 아빠들은 아이의 ADHD를 알아채기가 쉽지 않습니다. 저 역시 세모를 키우며 항상 혼자와의 싸움이라 생각하는 나날들이 많았습니다. 진단받기 전부터 말썽꾸러기 아이의 엄마라는 타이틀로 세모의 친구 엄마들로부터 따가운 시선을 온몸으로 받아내야 했으며, 진단받고 나서는 수화기 너머로 들려오는 선생님의 날 선 평가를 가슴속에 꾹꾹 눌러 담아뒀어야 했습니다. 이 과정에서 저는 철저히 혼자라고 생각했습니다.

우리는 아이가 힘들다는 담임 선생님의 전화를 받고 아이에게 폭발하듯 화를 내고 남편에게 나머지 화와 설움을 쏟아내는 게 일상이었을 것입니다. 그럴 때마다 남편은 마치 제삼자인 양 위로를 하며 진정시키겠죠.

"여보, 일단 검사를 받아보자. 나중에 후회하면 어떻게 해."

엄마의 설득으로 아빠는 정신건강의학과 진료에 동행합니다.

"네, 세모는 ADHD가 맞습니다. 약물 치료를 하면 아이가 좀 더 조절하면서 생활할 수 있을 거예요."

의사의 말에 엄마와 아빠는 분명 같은 말을 들었음에도 또 다시 의견 차이가 생깁니다.

"7살짜리한테 무슨 정신과 약이야? 우리가 키우기 힘들어서 먹이는 거 아니야?"

엄마의 죄책감을 자극하는 말을 가장 가까운 남편에게 듣고 나면, 다시 한번 치료를 망설이게 되죠. 이렇게 치료 적기를 미루게 되면 엄마는 '아이 아빠를 어떻게 설득하지?' 하면서 아이의 ADHD뿐만 아니라 배우자와의 관계까지 고민하게 됩니다.

방해꾼 남편도 아빠였습니다

약물 치료를 시작해도 약효가 사라진 시간에는 아이의 ADHD가 모습을 드러냅니다. 그 시간은 보통 아빠의 퇴근 이후입니다. 이때 엄한 아빠들은 아이의 말과 행동을 강하게 통제하면서 관계가 악화되는 경우가 많습니다. 그 사이에서 고생하는 것은 바로 엄마지요. 엄하게 아이를 대하는 아빠를 볼 때마다 엄마는 보호 본능에 더 괴롭습니다. 아이를 아빠라는 방해꾼으로부터 지키지 못하는 기분이 들기도 합니다.

하지만 세모의 약물 치료를 시작하고 2년이 지나고 보니, 아내로서 실수한 것이 있다는 것을 깨달았습니다. 일단 남편이 아빠라는 정체성을 가진 시간이 얼마나 되는지 생각해 보셔야 합니다. 아이를 뱃속에 품은 엄마보다 아빠는 항상 9개월 뒤쳐져 있지요. 아이가 태어나서도 육아휴직 기간 동안 엄마가 전담해서 키웠기에 아이와 아빠가 함께한 시간은 절대적으로 적을 수밖에 없습니다. 그러기에 양육에 있어 아빠는 엄마보다 항상 부족할 수밖에 없습니다.

우리는 남편의 서투른 양육 방식이 그가 아이를 덜 사랑한다는 것이 아님을 알아야 합니다. 아빠도 아이를 사랑하고 잘 키우고 싶다는 것을 잊지 마세요. 아빠의 서투른 양육 방식으로 아이에 대한 사랑을 섣불리 재단하면 안됩니다.

아빠와 아이의 시간을 존중해 주세요. 엄마는 기다려야 합니다. 나 혼자만 해낸다고, 나 혼자만 키운다고 생각할수록 남편은 계속 부족한 아빠가 되어갑니다. 아빠의 육아 효능감은 점점 떨어집니다.

아이 때문에 눈물짓던 날들에도, 지쳤던 날들에도 눈물을 닦아주고 어깨를 기꺼이 내어준 사람은 바로 남편이었습니다. 그의 노력이 빛나던 그런 날들도 분명히 있었습니다. 엄마이자 아내인 우리는 그 시간을 잊지 말아야 합니다.

당신이 아이를 키우며 넘어지고 좌절할 때, 가장 먼저 손을 내밀고 일으켜 줄 수 있는 사람은 바로 배우자입니다. 이 세상에서 엄마 다음으로 아이를 가장 사랑하는 사람은 바로 남편인 아빠입니다.

아이의 ADHD, 부모에게서 왔을지도 몰라요

앞서 수잔 정 박사가 말한 ADHD 치료 결과가 좋기 위한 두 가지 전제조건을 기억하시나요? 그중 두 번째 전제조건인 가정불화가 없는 가정, 화목한 가정은 어떤 가정일까요?

가정의 중심은 엄마와 아빠, 즉 부부입니다. 아이 문제로 싸우는 부부는 정말 많습니다. 아마 싸우지 않는 부부가 손에 꼽을 정도일 것입니다. 아이들은 아직 미성숙한 존재이기에 성숙한 성인 두 명이 가정의 중심에서 화목한 가정을 만들기 위해 최선을 다해야 합니다.

그러나 나이가 들었다고 해서 모두 성숙한 성인은 아닙니다. 모든 성인에게는 어릴 적 부모와의 관계에서 아이로서 겪었던 경험 그리고 성장 과정에서 겪었던 결핍이 있습니다. 어릴 적 부모와의 관계에서 부정적인 경험이 많은 성인은 어떤 부모가 진정 아이를 위한 바람직한 부모인지 잘 모릅니다. 또한, 결핍이 많은 부모는 그 결핍을 배우자와 아이들로부터 채우려고 합니다.

예를 들어, 항상 부모에게 "넌 이것도 못 해? 네가 그걸 할 수 있겠어?"라는 말을 들어온 사람은 자신의 아이에게도 격려와 응원의 말을 해주기 어려워할 수 있습니다.

아이의 ADHD는 보통 유전의 확률이 높다고 합니다. 만약 부모가 다음과 같은 문제가 있다면 '성인 ADHD 자가보고척도(ASRS)'를 찾아보고 전문가의 도움을 받는 것이 부모와 아이 모두에게 도움이 됩니다.

- 일을 자꾸 미루거나 까먹는다.
- 욱하거나 성급하게 행동한다.
- 직장에서 자주 다툼이 있고 직장을 자주 옮긴다.
- 소비를 조절하지 못하고 경제적인 문제가 있다.

진정 성숙한 어른, 부모가 되기 위해선 자신의 결핍과 부모로서 부족한 면을 인정하는 것부터 시작해야 합니다. 성숙한 부부는 서로의 부족함을 인정하고 자존심을 세우지 않습니다. 현명하게 대화로 해결합니다. 부부 갈등이 깊고 잘 해결되지 않는다면 꼭 전문가의 도움을 통해 해결 방법을 찾길 권합니다.

우리 아이들의 치료는 장기전입니다. 부부 사이의 갈등으로 가정에 불화가 생긴다면 오랜 시간이 필요한 아이의 치료가 성공적이기 어렵습니다.

학교에서 만나는 사춘기 아이들의 모습은 다양합니다. 어떤 아이들은 화가 많습니다. 아이들에게 전부였던 작은 사회, 바로 가정이 무너졌을 때 아이들은 그 분노를 바깥으로 표출합니다.

아이들 입장에서 보면 자신이 잘못한 것도 아닌데 어느새 집이 불편한 곳이 되어 있습니다. 사랑으로 맺어졌던 엄마와 아빠의 관계가 남보다 못한 사이가 되어 있습니다. 이미 폭풍의 시기를 보내는 사춘기 아이들에게 더한 폭풍우를 안겨주지 않는 것은 우리 어른들의 몫입니다.

아이의 ADHD 치료를 시작했다면 점검해 보세요. 나와 배우자의 관계는 어떤 관계일까? 화목한 가정을 위해 노력하고 있을까? 우리는 서로 협력하고 있을까?

다시 한번 생각해보셔야 합니다. 화목한 가정이 있어야 가장 사랑하는 아이의 치료에 전념할 수 있습니다.

7장

그럼에도
불구하고
오직 나

7장

그럼에도
불구하고
오직 나

1
아이를 키우며
잃지 말아야 할 자세

오늘, 내가 할 수 있는 한 가지 일을 하세요

ADHD 아이를 키우는 엄마들은 우울증에 더 취약하다고 합니다. 연합뉴스 'ADHD 자녀 둔 엄마, 우울증 조심'이라는 기사에 나온 내용입니다.

"한림대성심병원 소아정신건강의학과 홍현주 교수팀은 지난 2007년 ADHD로 진단된 초등학교 1학년 46명과 대조군(정상 아동 627명)을 비교 조사한 결과, ADHD 아동의 엄마가 대조군보다 우울 증상이 심하고, 부정적 양육 행동이 더 많았다고 밝혔다. 이번 조사에서 연구팀은 인지, 정서, 동기, 신체적 증상 등 21개 문항으로 이뤄진 국제기준의 '우울증 자가 평점 척도(BDI)'를 사용했는데, ADHD 진단 군의 엄마들은 평균 점수가 10.67로 '경도 우울증'에 속한 반면 대조군의 엄마들은 전반적으로 우울하지 않은 상태를 의미하는 6.42점에 그쳤다."

저 또한 세모를 키우면서 우울감이 얼마나 무서운지 느꼈습니다. 부정적인 생각이 꼬리에 꼬리를 물고 떠오릅니다. 아이와 나에게 허락된 미래가 너무 두려워 무력해졌습니다. 그러나 지금은 다릅니다. 상담을 통해 저를 구해냈고, 그 과정을 통해 우울감을 이겨내는 방법을 알았기 때문입니다. 아이의 ADHD에도 불구하고 오직 '나'를 찾을 수 있었던 삶의 자세를 공유하고자 합니다.

어느 날 남편과 길을 걷다 큰 사고를 목격했습니다. 한 아이가 갑작스러운 사고로 생을 마감한 것이었습니다. 누군가의 죽음을 목격한 경험은 삶이 유한하다는 것을 다시 한번 느끼게 했습니다. '끝이 있는 삶인데, 왜 그 끝이 80~90살이 넘어서라고 장담했을까?' 젊음이 참으로 사람을 오만하고 어리석게 만든다는 것을 느꼈습니다. 삶은 한 번만 허락됩니다. 그리고 누구도 그 끝이 언제인지 알 수 없지요.

그럼 우리는 왜 살아가는 걸까요? 당장 내일 죽을 수도 있는 거라면 대충 살아도 되지 않을까요? 하지만 그런 하루살이 같은 삶은 또 내일의 행복을 알지 못하게 하죠.

제가 찾은 답은 이렇습니다. 살아간다는 것은 나의 삶을 내려놓지 않고, 멈추지 않고, 삶을 성실히 이어나가는 과정입니다. 우리는 생각합니다. 아이의 ADHD가 사라지지 않고, 지치는 삶이 끝나지 않는 것이라면 차라리 삶이 짧았으면 좋겠다고요. 이런 생각이 든다면 당장 멈추시기 바랍니다. 삶은 뭔가를 이뤄내기 위해 사는 것이 아닙니다. 순간순간 최선을 다하며 멈추지 않고 이어나가는 것이 삶인 것입니다. 그러므로 갑자기 부정적인 감정들이 몰려올 때는 지금, 이 순간 할 수 있는 것을 하나씩 찾아서 그것을 실행해야 합니다.

아이의 등교 거부, 유치원에서의 퇴소 조치, 약물 부작용 등 앞으로 우리에겐 예측하지 못할 일들이 계속 닥칠 것입니다. 그럴 때마다 우리는 두려운 생각에 빠집니다. '아이가 계속 등교를 거부하면 어쩌지?', '아이가 유치원에 못 다니면 어쩌지?', '학교도 못 다니는 것은 아닐까?', '아이의 부작용이 너무 심한데 끝까지 맞는 약을 못 찾으면 어쩌지?'

이때 우리는 생각해야 합니다. '지금, 이 순간, 오늘 내가 할 수 있는 한 가지'를요. 그것을 실행했다면 우리는 최선을 다한 것입니다. 내일이 오면, 변하지 않는 하루에 또 실망할 수 있겠죠. 하지만 생각을 바꿔보세요. 오늘이 왔음을 감사하는 것입니다. 아이가 없었다면, 내가 없었다면 오늘이라는 또 한 번의 기회는 오지 않았을 테니까요. 또 다른 오늘이 왔다면, 다시 생각해야 합니다. '지금, 이 순간, 오늘 내가 할 수 있는 단 한 가지는 무엇일까?' 그것을 실행하고 다시 또 최선을 다했다고 생각하시기 바랍니다.

그렇게 매일 선물받듯 오는 오늘이, 순간순간 내가 할 수 있는 한 가지를 해냈다는 사실이 불안한 나에게 자기통제감을 줄 것입니다. 불안하고 알 수 없는 것들 속에서 내가 통제할 수 있는 것을 하나씩 해낼 때, 우리는 안정감을 얻을 수 있거든요.

또한, 매일 최선을 다한 덕분에 우리 아이는 성장하고 있을 것입니다. 그렇게 시간이라는 선물에 기대세요. 통제할 수 있는 것에 집중하세요. 오지 않은 미래보다, 통제할 수 없는 아이보다 오늘과 나를 통제할 수 있다는 마음으로 불안을 가라앉히시길 바랍니다.

칭찬과 감사, 자신에게도 해주세요

우리는 아이를 키우면서 세 가지 탓을 주의해야 합니다. 바로 내 탓, 아이 탓, ADHD 탓입니다. 우리 아이가 ADHD인 이유가 아이의 폭력성과 과잉행동을 내가 너무 받아줘서라고 생각하는 '내 탓', 평온해야 할 내 인생이 불행해진 것은 아이 때문이라는 '아이 탓', 평범한 또래의 행동과 충분히 훈육이 가능한 행동들도 모두 ADHD 때문이라고 편하게 치부해 버리는 'ADHD 탓'. 이 세 가지 탓으로 우리가 얻는 것은 아무것도 없다는 것을 알아야 합니다.

이 부정적인 생각에서 벗어나 어제보다 내가 잘한 일 한 가지, 아이를 위해 헌신한 일 한 가지를 매일 생각하세요. 그리고 글로 적어보시기 바랍니다. 오늘 하루 최선을 다했다는 긍정적인 기운을 가져다주고, 아이를 위해 봉사한 자신을 의식하며 자존감이 올라가는 것을 느끼실 것입니다.

왜 우리는 아이가 잘한 것만 칭찬하려 하고, 자신을 돌아보지 못할까요? ADHD 아이를 양육하는 우리는 누구보다 긍정적인 에너지가 필요합니다. 그리고 그 에너지는 분명 내 안에 있습니다. 매일매일 자신을 칭찬하고 기록하셔야 합니다.

우리는 ADHD 아이를 키운다는 이유로 왠지 모르게 작아지는 느낌입니다. 아이를 키우면서 우리는 각종 자녀교육서를 섭렵합니다. 그리고 우리는 완벽한 엄마의 모습을 머릿속에 담습니다. '아, 이럴 땐 이렇게 해야지', '아이가 잘 자라도록 5대 영양소가 가득한 식단을 준비해야지', '아이와 적극적으로 놀아주는 엄마가 되어야지', '언제나 상냥하고 친절하게 말해야지'라고 마음을 먹습니다. 하지만 우리 아이들이 매일 규칙을 어기고 유치원과 학교에서 전화가 올 때면 우리는 이 다짐들을 모두 잊고 버럭 화를 내버립니다.

우리는 자녀교육서를 보면서 '~해야 한다'라는 것들로부터 거리를 둘 필요가 있습니다. 여러 전문가의 육아법을 보고 반드시 그래야만 아이들이 잘 자란다는 생각을 버려야 합니다.

제가 학교에서 만난 학부모님들은 모두 다 다른 사람이었습니다. 어떤 분은 아이의 마음을 잘 읽어주시고, 어떤 분은 뛰어난 요리 실력으로 아이의 먹거리를 잘 챙겨주셨고, 운동을 좋아하시는 분은 아이와 함께 운동하는 분도 계셨습니다. 어려운 생계에도 아이의 교육을 위해 최선을 다하는 부모님도 계시죠.

비록 겉으로 보이는 부모의 모습은 달라도 다 아이를 위해 애쓰는 부모님이고 그 방법은 다 다양했습니다. 그런데 어떻게 인기 있는 육아법이 모두에게 다 맞을 수 있겠습니까? 그러니 자책하거나 비교하시지 말고, 내가 어제보다 얼마나 더 나은 부모가 되었는지 우리의 성장에 집중해야 합니다.

이제 '~해도 괜찮다'라고 생각하세요. 워킹맘은 특히 더 이런 마음을 가져야 합니다. 일하는 엄마들은 직장에서도 늘 미안하고, 집에서도 지저분한 집을 보며 미안해집니다. 아침이 되면 또 고단한 몸을 일으켜 아이의 아침을 준비하고 같은 하루를 시작하죠. 미안한 마음에 자녀교육서를 또 붙잡고 각종 육아법을 공부합니다. 그리고 또 그만큼 해내지 못한 자괴감에 빠지면서 다시 자녀교육서를 찾아봅니다. 악순환의 고리입니다.

ADHD 아이를 키우는 엄마들은 아이를 사랑하고, 아이의 생활 속에서 그저 엄마의 존재로 있어 주는 것만으로도 괜찮다고 다독이며 나아가야 합니다.

우리 아이들이 진정 원하는 것이 자녀교육서에 나오는 이상적인 엄마일까요? 아닙니다. 아이들은 '우리 엄마', 오직 나만을 생각하는 엄마의 존재가 전부입니다. 그러니 이상적인 엄마의 모습은 잊고, 그저 아이의 삶 속에서 건강한 엄마로 함께 해주는 것이 중요합니다. 5대 영양소를 매일 챙겨주지 못해도, 아이의 공부를 매일 봐주지 못해도 괜찮습니다. 좀 부족해도 괜찮습니다.

2
나와 아이의 삶을 분리하세요

아이를 처음 안았을 때의 초심을 잊지 마세요

뱃속에 새 생명이 생겼다는 것을 아는 순간부터 당연한 것이 하나도 없다는 사실을 깨달았습니다. 사람의 심장은 엄마의 뱃속에서 뛰기 시작해 마지막 눈을 감는 순간까지 쉬기 않고 뜁니다. 아이기 생기고 초음파를 볼 때마다 우렁차게 뛰는 심장 소리를 들으며 엄마들은 그 심장이 혹여나 멈출까 전전긍긍합니다. 사람의 심장은 당연히 뛰는 것이 아니라는 것을 그때 알았습니다.

아이가 세상에서 첫 울음을 터뜨리는 날, 손가락과 발가락 개수부터 헤아렸습니다. 손가락 열 개, 발가락 열 개가 당연한 것이 아니었습니다. 그렇게 아기를 품고 낳는 순간까지 우리는 이 생명에 당연한 것은 단 하나도 없다는 것을 깨닫습니다.

'이 초심을 잊지 마. 그저 잘 자고, 잘 먹고, 엄마를 보며 눈을 맞추고, 웃어 주는 아기에게 당연한 것이 하나도 없다는 것을. 건강함에 감사하고 이 순간에 감사했던 것을 잊지 마.'

처음 아이를 품에 안았을 때 다짐했었습니다.

하지만 중학교에서 많은 학부모를 만나면서 당신의 아이가 누구 아이보다 공부를 못하고, 노력도 안 한다며 너무 속상하다며 우시는 부모님을 많이 봐왔습니다. 그저 태어나서 걷고 뛰고 잘 먹는 것만으로 뿌듯했던 때는 저 멀리 과거로 사라지고, 아이를 숫자로 보기 시작합니다. 우리 아이는 몇 점, 우리 아이는 몇 등, 몇 순위 대학을 갈 수 있고, 연봉 얼마를 받을 수 있는 아이인지를 따지기 시작하는 것입니다.

저 역시 그랬습니다. 어느새 아이의 성장과 아이의 성취는 내가 얼마나 어떻게 하느냐에 달렸다고 생각하고 있었습니다. 유치원에 다니는 아이를 붙잡고 초등학교 3학년 수학까지는 미리 시켜야겠다고 저 혼자 마음먹었습니다. 공부가 뭔지도, 왜 하는지도 모르는 아이에게 다그쳐 가며 공부를 시켜본 적도 있습니다. 영어 유치원을 가야 뒤처지지 않는다고 책상에 앉는 것도 힘겨워하는 아이를 데리고 레벨 테스트와 상담을 다니기도 했죠.

아이는 ADHD 때문에 타인에게 안 좋은 시선을 받고, 부정적인 피드백을 계속 받고 있는데 저 혼자만 아이의 미래를 장애물 하나 없는 고속도로일 거라고 상상하고 있었습니다. 이런 오만한 저에게 아이의 ADHD 진단은 청천

벽력과 같았습니다.

아마 제가 아이에게 '그저 건강하기만 하면 된다, 너의 웃음을 매일 보는 것만으로도 행복하다'라고 하는 엄마였다면 진단을 받아도 조금은 덜 좌절하지 않았을까 생각해 봅니다.

아이는 걸어 다니는 성적표가 아니에요

아이의 ADHD를 객관적으로 보지 못하고 우울해하며 좌절했던 시절에는 나보다 더 불행한 사람도 사는데 나는 왜 이것으로 일상이 회복되지 못할까 치열하게 고민했습니다. 그렇게 심리상담센터에서 저의 어린 시절까지 거슬러 올라가 지금의 문제에 대한 상담을 여러 번 받았습니다.

"선생님, 저는 왜 아이가 창피할까요?"

"사비나 씨는 아이가 어떨 때 창피하세요?"

"아이가 남들한테 피해주는 행동을 해서 다른 엄마들의 눈총을 받을 때 너무 창피해요. 선생님께 전화가 와서 아이가 제대로 못 한다는 말을 들으면 제가 너무 부끄러워요."

"사비나 씨는 타인을 너무 의식하네요."

"네, 맞아요. 눈치를 많이 보게 돼요. 선생님께 죄송하다 하고, 아이를 붙잡고 호되게 혼을 냈어요. 그리고 뒤돌아서면 화냈던 나의 모습에 자괴감이

들고요."

"그때 아이의 마음은 어땠을까요?"

"……"

순간, 할 말을 잃었습니다. 선생님께 창피했던 것도 '나'였고, 아이에게 그 창피함에 화를 낸 것도 '나'였습니다. 거기에 '아이의 마음' 따위는 없었습니다.

"속상했겠죠."

"아이는 엄마가 어떻게 말해주길 원했을까요?"

"선생님께 많이 혼났냐고. 다음에 잘하면 된다고 다독여 주길 바랐을 것 같아요."

"사비나 씨는 아이와 자신을 분리하지 못하는 거예요."

문제는 거기서 시작된 것이었습니다. 아이가 마치 나의 성적표라도 되는 듯 잘하면 내 어깨뽕이 하늘을 치솟듯 올라가고, 아이가 혼나고 친구에게 거절당하면 얼굴이 붉어지고 창피해졌습니다. 저 역시 초심을 잃고 아이의 존재보다 아이가 성공하는 모습만 보고 싶은 엄마였습니다.

정신건강의학과 전문의 윤홍균 선생님의 《자존감 수업》에는 체면을 중시하는 부모에 대한 이야기가 나옵니다. 아이가 모두에게 사랑받았으면 좋겠다는 바람이 지나치면 "그러다가 친구들한테 왕따 당한다"라고 본인도 모르게 아이에게 겁을 주기도 합니다. 이런 이야기는 '남들에게 사랑받지 못하면 끝장이야'라는 생각을 아이에게 심어준다고 합니다.

저는 체면을 중시하는 부모였습니다. 아이가 모두에게 사랑받았으면 좋겠는데 자꾸 피해만 주고, 아이의 ADHD는 우리 가족에게 수치심만 안겨준다고 생각하며 아이의 ADHD를 원망하는 날이 많았습니다. "세모야, 계속 그런 행동을 하면 아무도 널 좋아하지 않아. 친구가 없어도 좋아?"라며 아이를 붙잡고 겁도 주었습니다. 남들에게 사랑받지 못하면 넌 끝장이라고 계속해서 말하고 있는 줄도 몰랐습니다.

만약 아이의 행동이 수치스럽고 아이의 감정보다 체면을 중시하고 있다면, 당신은 아이와 자신을 분리하지 못하는 것입니다. 그것을 인지하는 것부터 우리의 치유는 시작됩니다.

아이가 잘하지 못해도 타인에게 조금은 따가운 시선을 받아도 아이에게 이입해서 분노하고 수치심을 느끼지 않으셨으면 좋겠습니다. 그럴수록 아이와 자신을 분리하여 아이의 감정을 봐야 합니다.

아이와 나를 분리하고 아이에게 붙여놓은 부모 성적표를 떼어버리세요. 아이와 나를 분리하는 순간부터 우리는 자신을 위로할 수 있고, 아이의 마음을 안아줄 수 있습니다.

아이가 친구의 엄마에게 따가운 눈총을 받고 혼이 나더라도 "세모야, 괜찮아? 저 친구가 세모의 행동 때문에 불편했나 봐. 다음부터 조심하면 돼. 가서 사과해볼까?"라고 말하며 아이의 경험을 더 긍정적으로 이끌 수 있습니다.

어떤 엄마가 되고 싶나요?

"선생님, 세모보다 더 산만하고 과잉행동을 하는 친구가 있어요. 그런데 그 엄마는 저랑 너무 달라요. 아이의 실수에도 허허 웃어주고, 아이가 남들에게 혼이 나도 침착하게 가르쳐주고 금방 괜찮아 보여요. 아이가 뭘 던지면서 뛰어놀면 같이 뛰어줘요."

"그런 엄마를 보면 어떤 감정이 드나요?"

"부러워요."

그 엄마와 아들을 보면서 느꼈습니다. '마치 저 둘은 소울메이트처럼 너무 잘 만났네. 나는 왜 세모에게 저런 여유로운 마음을 보여주지 못할까?'

"세모 엄마도 알고 있는 거예요. 그게 진짜 세모 엄마가 원하는 엄마의 모습이란 걸요."

제가 학교에서 만나는 학부모님들도 모습이 천차만별입니다. 아이가 1등을 해도 아이의 예민함에 감정적인 소모를 호소하는 학부모도 있고, 아이가 공부를 못해도 즐겁게 학교를 다니는 모습에 행복해하는 학부모님도 계셨습니다.

나는 어떤 엄마일까? 나는 어떤 엄마가 되고 싶을까? 생각해 봤습니다. 그러다 문득 '난 우리 엄마가 왜 좋았지? 우리 아이들은 내가 어떤 엄마라서 좋은 걸까?'라고 질문을 바꿔보았습니다. 답은 하나였습니다.

'그냥, 엄마니까 좋지. 내 엄마니까.'

좋아하는 엄마, 사랑하는 엄마의 모습이 하나로 정해져 있다면, 수많은 자녀교육서에서 말하는 이상적인 엄마가 정말 존재한다면, 아이들은 그 엄마와 저를 바꾸고 싶어 할까요? 나의 엄마를 그 엄마와 바꾸고 싶을까 생각하면 저 역시 답은 당연히 '아니오'였습니다.

당신은 이미 좋은 엄마입니다. 아이를 아홉 달 품고 세상에 낳아 사랑으로 길러낸 것은 오직 우주에서 당신 하나뿐이니까요. 우리 아이에게는 내가 최고의 엄마이고 대체될 수 없는 존재입니다.

온전히 내 아이의 엄마가 되기 위해선, 항상 아이와 자신을 분리하는 연습을 하세요. 그래야 넘어질 때 같이 넘어지지 않을 수 있고, 아이를 일으켜 세워줄 수 있습니다. 그래야 아이의 ADHD가 만들어 내는 증상들에 끌려다니지 않고 중심을 잡을 수 있습니다. 우리 아이들의 ADHD는 항상 있었고, 앞으로도 우리 삶 속에 있을 것입니다.

어차피 항상 함께하는 것이라면 우리가 중심을 잡고 한 발짝 떨어져서 아이를 리드하는 것은 어떨까요?

3

감정의 소용돌이 속에서
나를 유지하는 법

고통의 원인을 제대로 알아야 합니다

"감정, 고통스러운 감정은 우리가 그것을 명확하고 확실하게 묘사하는 바로 그 순간에 고통이기를 멈춘다"라는 스피노자의 말은 유대인이라는 이유로 죽음의 수용소로 끌려갔던 빅터 프랭클 박사가 《죽음의 수용소에서》라는 책에서 인용하는 글입니다.

빅터 프랭클 박사는 나치의 강제 수용소에 끌려와 매일같이 극한의 굶주림과 주변 사람의 죽음을 목격하면서도 오히려 살아야 하는 이유와 삶의 의미를 찾은 정신과 의사입니다.

ADHD 아이를 키우는 우리의 삶도 항상 몸과 마음이 지쳐있을 것입니다. 나의 삶은 왜 우울하고 힘겹기만 할까? 이것이 시련이 아니면 무엇일까?

이렇게 저의 삶을 지배하던 고통도 명확하고 확실하게 묘사하는 순간 고통이 멈춘다고 한 스피노자의 말처럼 고통의 원인을 명확하게 하면서 멈출 수 있었습니다. 나를 힘들게 했던 고통의 원인이 나도 세모도 아니라 ADHD라는 사실을 알게 되었기 때문입니다.

ADHD가 무엇인지 알게 되면서 ADHD와 함께하는 우리 아이를 어떻게 사랑하며 어떻게 키워야 할지 고민하기 시작했습니다. ADHD는 우리가 통제할 수 있는 것이 아닙니다. 우리는 여기서부터 이 시련을 이기는 법을 찾아야 합니다. 바로 우리가 통제할 수 있는 것과 통제할 수 없는 것을 구분하는 것입니다.

빅터 프랭클 박사는 수용소에서도 오직 한 가지 자유는 존재했다고 말합니다. 바로 주어진 환경에서 자신의 태도를 결정하고 자기 자신의 길을 선택할 수 있는 자유입니다. ADHD는 통제할 수 없습니다. ADHD와 함께하는 아이의 미래는 더욱 통제가 불가능합니다. 그렇다면 우리가 통제할 수 있는 것, 우리에게 주어진 자유는 무엇일까요? 그것은 바로 내가 아이를 대하는 태도입니다.

아이의 ADHD를 절망으로 보는 것이 아니라 희망으로 바꾸고자 하는 태도. 이러한 태도를 선택할 자유는 우리에게 있으며 통제 가능한 영역입니다.

앞으로 우리는 아이를 길러내면서 수많은 감정의 파도를 마주할 것입니다. 갑작스럽게 울리는 전화벨 소리, 아이의 짜증과 울음소리, 매달 직장에

양해를 구하고 아이와 함께 찾는 병원 진료실, "죄송합니다"가 자동화되는 순간들 말이죠. 숨 돌릴 때쯤 찾아오는 아이의 사춘기까지 쉽지 않겠죠.

이럴 때마다 우리는 우리에게 휘몰아치는 감정의 파도를 명확하게 묘사하고, 우리가 통제 가능하고 선택할 수 있는 태도를 견지해야 합니다.

자꾸만 화가 나고 억울한 우리들

마음의 평온을 찾고 싶어도 가끔은 아이의 ADHD가 가져오는 버거운 일상에 압도될 때가 있습니다. 약효가 사라지는 저녁 시간은 결코 평온할 수 없고, 아이와 함께 병원 대기실에 앉아있는 생활을 앞으로 10년은 더 해야 할 수도 있다는 것을 생각하면 이것이 시련이 아니면 무엇일까 생각합니다. 변하지 않을 이 상황이 원망스럽기도 합니다.

우리가 겪는 감정은 ADHD 아이를 직접 키워보지 않으면 공감하기 어렵습니다. 저 역시 교사로서 ADHD 아이와 그 부모님과 이야기할 때 어떤 마음인지 전혀 헤아리지 못했습니다. 이제야 느끼는 감정들은 우리 아이가 ADHD라는 사실을 알고 나서, 그 시련을 극복해 보고자 부단히 애쓴 그 나날들에서 느낀 것들입니다.

우리는 자꾸만 죄책감이 듭니다. '내가 일해서 아이를 소홀히 돌봐서 그런 게 아닐까?', '너무 통제하며 키운 걸까?', '너무 방임하듯 풀어놓고 키워서 그런 걸까?', '건강한 음식을 챙겨주지 못해서 그런 걸까?', '임신했을 때 약을 잘못 먹은 것일까?' 모든 화살이 자기 자신을 향해 있죠.

그러다 나를 괴롭게 하는 아이에게 화가 나기 시작합니다. 대체 몇 번을 말해도 왜 멈추지 못하냐며, 몇 번을 말해도 왜 시작하지 않느냐며 질책과 아픈 말들을 쏟아냅니다. 그리고 나는 못된 부모라며 자녀교육서를 붙잡고 밑줄을 치고 반성을 하며 다시 내 탓을 하죠.

게다가 사랑하는 나의 아이가 누군가에게 피해를 주어 대신 허리를 굽혀야 하는 일의 연속일 때는 나에게 더 이상 남은 자존심이 있을까? 계속 작아지는 우리 자신을 마주하기도 합니다. 평범한 호의에도 작은 의심을 품고 아이를 또래들과 어울리지 못하게 하기도 하죠.

'우리 아이가 그 집에 놀러 가면 분명 실수할 거야. 그리고 또 초대받지 못하면 나만 상처받겠지. 치리리 그냥 꼬내지 믿지.'

세상은 또 얼마나 편견 덩어리인가요? 매년 만나는 담임 선생님께도 한 학기가 다 가도록 말할까 말까를 고민하며 죄송해지기도 합니다. 지인들과 친구들, 심지어 양가 부모님들에게도 말하지 못하기도 합니다. 모든 비밀을 다 안고 있으니 그 비밀이 얼마나 무겁고 우울한가요?

용기 내어 우리 아이가 ADHD라는 이야기를 하다가도 "왜 약을 먹여? 그거 다 제약사의 장사속에 속는 거야. 내성이 생기면 나중에는 약 없이 생활

못 하는 거 아냐?"라며 전문가도 아닌 사람들의 말에 또 흠칫하게 됩니다. 아이의 약물 치료를 결정하기까지 수많은 밤을 새우며 고민했으면서도 그런 말 한마디에 불안해지는 것이 부모의 마음이니까요.

ː)

그럼에도 불구하고 나는 살아야죠

"왜 살아야 하는지 아는 사람은 그 어떤 상황도 견뎌낼 수 있다."

빅터 프랭클 박사는 가진 것이라곤 오직 생명뿐이었던 순간에도 영혼을 팔지 않기 위해 노력했습니다. 빵 한 조각을 더 얻기 위해 굽신거리지도 않았죠. 대신 매일 살아야 할 이유를 찾아 모았습니다.

"죽도록 피곤한 몸으로 막사 바닥에 앉아서 수프 그릇을 들고 있는 우리에게 동료 한 사람이 달려왔다. 그리고는 점호장으로 가서 해가 지는 멋진 풍경을 보라는 것이다"라는 구절에서 빅터 프랭클 박사는 수용소에서 바라보는 풍경에 대해 이야기합니다. 매일이 고통뿐인 수용소 생활에서 풍경을 찾는 것도 놀라운데 '멋진 풍경'이라고 이야기합니다. 석양빛 구름과 하늘에서 세상의 아름다움을 느끼며 고통 속에서도 살아야 할 이유와 삶의 의미를 찾기로 했던 것이죠.

학교의 상담 주간에 차라리 신청하지 말까? 고민한 적도 많았습니다. 어차피 좋은 소리를 들을 것 같지도 않고, 상담을 하면 마음만 불편하고 걱정만 한가득 떠안을 테니까요. 교사 입장에서 '이 부모님은 아이에 대해 상담을 하셔야 하는데 왜 신청을 안 하시지?'라고 생각했던 때가 있습니다. 그런데 지금은 그 학부모님의 마음을 200% 이해합니다. 부모도 알고 싶지 않은 아이의 사생활이 있는 것이죠.

그럼에도 불구하고 선생님께 어려움이 있으실 것 같아 용기 내어 상담을 신청했습니다. 역시나 세모에 대한 부정적인 피드백이 많았습니다. 이제는 그래도 면역이 되어 크게 당황하진 않았지만, 나아진 부분들보다 새로 등장한 세모의 문제점들을 들을 때면 대체 이 어려운 과정은 언제 끝나는 걸까 막막해졌습니다.

그날은 얄밉게도 날씨가 너무 화창했습니다. 무더위가 가고 공기가 선선해진 가을날이었습니다. 가만히 창밖을 보는데 나무에 새 한 마리가 날아와 앉았습니다. 그렇게 걱정 가득한 저의 시선이 그 새를 향했습니다. 무심히 새 한 마리와 텅 빈 하늘을 쳐다보는데 기분이 좋아보였습니다. 덩달아 제 기분도 좋아졌습니다.

그 이후로 저는 마음이 힘들 때마다 가만히 창밖을 봅니다. 어느 날은 핑크빛 노을이, 어느 날은 똑똑똑 빗소리가, 어느 날은 눈부실 정도로 커다랗게 뜬 달덩이가 저를 위로해 줍니다. 우리를 위로해주는 것은 어디에든 있습니다. 빅터 프랭클 박사의 죽음의 수용소에도 있었으니까요.

언제나 나부터 챙기세요

ADHD 아이를 키운다는 것은 남들보다 두 배, 세 배는 힘든 일입니다. 아이의 진료일, 잘 맞는 학원, 학습 방법, 각종 치료 센터까지 이미 아이와 관련된 것으로 우리의 머릿속이 가득합니다. 거기에 남편, 가족, 직장까지 챙기다 보면 나 자신만을 위한 것이 하나도 없습니다.

우리는 하루하루 정신없이 해야 할 일을 해내고 나면 타인을 위해 오롯이 내 체력과 정신을 다 쏟아냈다는 것을 깨닫습니다. 아니, 깨닫지도 못한 채 침대에 쓰러져 눈을 붙이고 다시 타인을 챙기는 일상으로 돌아갑니다.

이렇게 타인만을 챙기고 나를 챙기지 않으면 소진 증후군(Burnout Syndrome)이 올 수 있습니다. 자신이 갖고 있는 에너지의 크기를 모른 채 모든 것을 소진해버려 우울감이나 무기력증이 오는 것입니다. 스스로를 태워가며 다 소진해버리면 더 이상 아이를 돌보기 힘들어집니다. 회복에도 그만큼 오래 걸리겠죠.

소진 증후군에 걸리지 않기 위해서는 항상 나부터 챙겨야 합니다. 나를 잘 챙긴다는 것은 무엇일까요? 내가 좋아하는 것이 무엇인지, 어떤 것을 힘들어하고 싫어하는지를 잘 아는 것입니다. 심리상담센터에서 상담을 하면서 저는 마음속 깊이 자리 잡은 결핍을 알게 됐고, 부정적인 감정이 나의 어디서 오는지, 나는 어떤 상황에서 평온하지 못한지 발견할 수 있었습니다.

우리는 아이의 정신과 진료를 함께하면서도 우리의 마음은 살피지 못합니다. 만약 부정적인 생각이 들고, 그 감정을 통제하지 못한다면 전문가의 도움을 받아야 합니다. 자기 자신을 제대로 모르는 엄마는 아이에게 자신의 결핍과 부정적인 감정을 투영해 버리기 때문입니다. 좋은 대학에 진학하지 못한 자신의 결핍을 자식을 통해 이루려는 부모처럼 말이죠.

실제로 이런 부모님들을 많이 봐왔습니다. 부모의 기대에 못 미칠 때 아이는 자책하고, 부모는 통제하지 못하는 아이의 성적에 좌절합니다. 만약 좋은 대학이라는 목표가 부모의 결핍에서 온 기대감이라는 것을 부모가 깨닫는다면, 적어도 아이가 스스로의 길을 가도록 한 발짝 뒤에서 응원해 줄 수 있지 않을까요?

상담을 통해 저는 타인의 시선을 과하게 신경쓰는 자의식이 강한 사람이란 걸 알게 되었습니다. 아이의 ADHD가 괴롭고 부끄러웠던 것은 아이의 ADHD 때문이 아니라 저의 강한 자의식 때문이라는 것을 알게 됐죠. 거기서부터 아이에 대한 태도를 바꿀 수 있었습니다.

세모와 외출을 하면 엘리베이터를 타는 순간부터 '세모가 또 이상한 말로 다른 사람을 민망하게 하면 어쩌지?', '세모가 또 갑자기 과잉행동이나 돌발행동을 하면 어쩌지?' 불안과 걱정으로 오롯이 세모와의 시간을 즐기지 못했습니다. 하지만 이제는 '또 남 눈치를 보네?', '이건 네가 과한 거야'라며 제 불안을 다독이게 되었습니다. 세모의 행동에도 의연해질 수 있었지요. 그렇게 아이의 마음을 더 살펴볼 수 있게 되었습니다.

정신건강의학과나 심리상담센터 어디든 전문가의 도움을 받을 수 있다면 다 좋습니다. 나라는 정체성에 붙어있는 엄마, 아내, 딸, 직장에서의 각종 역할을 떼어내고 나는 어떤 사람인지, 나는 어떤 어른으로 성장했는지, 자신을 찾는 일을 소홀히 하지 마세요. 자신을 알고 나면 아이와의 관계에서도 나와 아이를 분리할 수 있게 됩니다. 아이에게 나의 결핍을 투영하지 않게 됩니다. 아이를 좀 더 편안하게 바라볼 수 있게 됩니다.

그리고 혼자만의 시간(Me time)을 꼭 확보하시기 바랍니다. 그 시간은 10분이어도 좋습니다. 아이가 잠든 시간에 독서하기, 혼자 음악을 들으며 산책하기 등 오직 나에게만 집중하는 시간을 가짐으로써 우리는 불안함을 잊고 안정감을 찾을 수 있습니다. 혼자만의 시간이 매일 반복되면 적어도 타인을 위해 하루를 살았다는 약간의 억울함을 벗어던질 수 있습니다.

기억하세요. 통제할 수 있는 것과 통제할 수 없는 것을 구분해야 합니다. 우리가 바꿀 수 있고 통제할 수 있는 것은 바로 지금 그리고 나입니다. 우리 아이들을 키우며 겪게 되는 수많은 어려움 속에서 '지금 내가 할 수 있는 한 가지'를 생각하세요. 그리고 이 폭풍 속에서 우리가 가장 먼저 지켜야 하는 것은 바로 나 자신이라는 것을 잊지 마세요.

4

비교 지옥에
빠지지 마세요

최악의 비교 지옥, 우리끼리 하는 비교

ADHD 아이를 포함하여 발달이 느린 거북이 아이들을 키우는 부모들은 비교 지옥에 빠지기 쉽습니다. 타인과 나의 상황을 비교하는 것은 누구나 가진 본능이 이끌게 합니다. 비교를 통해 내가 남보나 더 잘난다는 생각에 우월감을 느끼기도 하고, 더 노력하는 발전의 동력으로 삼기도 합니다. 반면, 나의 처지는 다른 사람에 비해 나아지지 않을까 좌절할 때도 있죠.

아이가 태어나면 비교의 대상이 하나 더 늘어납니다. 우리 아이는 왜 한글을 아직도 못 읽을까? 우리 아이는 왜 다른 아이보다 키가 작을까? 부모는 계속해서 자신의 아이와 남의 아이를 비교하기 시작합니다. 오죽하면 엄친아라는 말이 나왔을까요.

부모는 왜 아이가 원하지도 않는데 다른 아이와 키를 대보게 하고 성적을 비교하는 걸까요? 부모는 왜 스스로 비교 지옥을 만들고 그 지옥에 빠지려고 하는 걸까요?

부모가 만드는 비교 지옥에서 가장 최악은 비교함으로써 느끼는 우월감입니다. ADHD 아이를 키우다 보면 또 다른 ADHD 아이들을 알게 됩니다. 병원 대기실에서 보기도 하고, 주변인을 통해 우연히 알게 되는 경우도 있죠. 또는 학교에서 큰일이 있었던 아이는 아이들을 통해 이름이 알려지기도 합니다. 느린 아이를 키우는 부모로서 가끔 이런 이야기를 들을 때마다 마음이 아픕니다.

"그래도 우리 아이는 저 정도는 아니잖아."

"그래도 우리 아이는 지능은 높잖아. 그나마 다행이야."

우리는 똑같이 ADHD 아이를 키우는 부모들입니다. 느린 아이들을 키우는 부모들이죠. 함께 고충을 나누고 도와야 할 때, 우리끼리 비교하며 안도감을 느끼거나 우월감을 느끼지 않았으면 합니다.

반대로 이런 경우도 있습니다.

"그래도 세모는 지능이 높잖아요. 평균 지능도 안 되는 아이들도 있어요."

"그래도 학교를 가잖아요. 우리 아이는 학교도 못 가고 있어요."

과잉행동-충동형 아이를 키우는 부모들은 조용한 ADHD를 부러워하기도 합니다.

"그래도 조용하니까 남들한테 죄송하다는 말은 안해도 되잖아요. 적어도 피해는 안 주니까요"

이런 말들은 타인의 고충을 깎아내리고 무시하는 말입니다. 지능이 조금 더 높으면 키우기 쉬운가요? 학교를 다니면 불평하면 안 되는 건가요? 조용한 ADHD라고 문제가 없을까요? 아니죠. 이렇게 우리끼리 우리의 고충을 비교하며 '당신의 아이는 저희 아이보다 형편이 나으니까 불평하지 마세요'라고 말하는 것은 옳지 않습니다.

적어도 우리끼리는 비교하지 않았으면 합니다. 서로의 고충과 시련에 공감했으면 합니다. 우리 아이들에게 ADHD, 자폐, 경계성 지능 등 여러 진단명이 붙여졌을 때부터 우리는 사회에서 소수자가 됩니다. 그러므로 서로 연대했으면 합니다.

"우리는 ~해서 다행이야", "당신은 ~하니까 그래도 낫잖아"라는 말보다는 "당신도 힘들군요. 그래도 우리 아이들은 잘 자랄 거예요", "우리 함께 힘내봐요. 힘들 때, 연락주세요"와 같이 공감과 위로, 응원이 오갔으면 합니다.

모두 보이지 않는 각자의 짐을 지고 있다는 사실

또 다른 비교 지옥은 바로 자신과 남편을 다른 집 엄마, 아빠와 비교하는 것입니다. 가끔 SNS를 보면 앞치마를 두르고 깨끗한 부엌에서 다양한 반찬과 따뜻한 국을 예쁜 그릇에 담아 아이들에게 매일 차려주는 엄마들의 사진을 보곤 합니다. 어질러지고 기름때 묻은 나의 부엌이 부끄러워지기 시작합니다. 나름 정성을 담았지만 그릇에 담긴 아이의 볶음밥이 부끄러워집니다. 일하는 엄마를 만나 아이가 고생하는 것은 아닌지 아이마저 불쌍해지기 시작하죠.

주말에 놀러 간 놀이터에서 아이와 깔깔 웃으며 무궁화 꽃이 피었습니다를 하는 아빠를 보았습니다. 친절하고 다정한 목소리로 아이의 이름을 부르는 그 아빠의 목소리가 왠지 부러웠습니다. 옆에서 스마트폰만 보고 있는 남편이 눈에 들어왔습니다. 그러다 아이가 타인에게 피해를 주면 남편은 아이에게 가서 엄하게 혼내기 시작합니다. 어쩐지 다른 아이의 아빠와 우리 남편의 온도차가 느껴지기 시작합니다.

비교는 사람이라면 누구나 하게 되는 본능이라고 생각합니다. 타인과의 비교를 통해 자신을 발전시키는 원동력이 된다면 긍정적일 수도 있겠죠. 하지만 ADHD 아이를 키우는 부모들은 비교 때문에 하루를 망치기도 하고, 비교 때문에 자존감이 떨어지기도 합니다.

비교 지옥으로 끌려들어 가는 느낌이 들 때면 기억하세요. 모든 사람에게는 보이지 않는 각자의 짐이 있다는 사실을요. 우리가 부러워하는 타인의 모습은 그 사람의 수많은 날들 중에 단 몇 분을 보았을 뿐입니다. 그 사람 인생의 단면만을 보고 나의 상황과 비교하지 마세요.

이미 우리는 좋은 엄마이자 아빠입니다. 아이의 ADHD를 알고 이해하고자 노력하고, 우리의 부족함을 알고 더 좋은 부모가 되고자 노력하고 있기 때문이죠. 다시 한번 강조하고 싶습니다. 이 세상에 완벽한 부모는 없습니다.

우리 아이들이 가장 사랑하는 부모는 자신에게 생명을 준, 자신을 있는 그대로 사랑해주는 부모입니다. 바로 그 누구와도 대체될 수 없는 우리입니다.

브런치 스토리에 처음 글을 연재하기 시작했을 때가 생각납니다. 세모의 ADHD를 알게 된 순간부터 약물 복용의 어려움, 이후에 계속되는 난관들이 얼마나 힘든지 토해내듯 글을 썼습니다. 하나둘씩 구독자가 늘어나는 것을 보면서 정말 동굴 속에서 혼자 아이의 ADHD와 씨름하는 엄마들이 이렇게 많구나, 나 혼자가 아니라는 것을 느꼈습니다.

출간 제의를 받고 책을 쓰면서 계속 제 자신에게 물었습니다. '그래서 ADHD 아이를 어떻게 키워야 하는 거야?' 사실 아이를 잘 키운다는 것이 어떤 것인지, 그 정답을 찾은 부모가 있을까 싶습니다. 자녀교육서를 여러 권 읽어보면 그 답을 알 것도 같은데 엄마로서 우리는 항상 부족해 보입니다.

그럼에도 불구하고 교사로서 몇백 명의 아이들을 가르쳐 왔습니다. 그 경험을 통해 수많은 학부모님들과 소통해 왔기에 적어도 아이를 어떤 마음으로 어떤 태도로 키워야 할지는 알겠습니다.

아이들은 우리 몸을 거쳐왔을 뿐.
아이들은 우리가 가볼 수 없는
아득한 미래를 살고 있는 것을.

그저 뜨거운 믿음으로,

애타는 사랑으로, 이 지상에

잠시 동행하는 기쁨을 허락하기를.

《걷는 독서》, 박노해

세상의 모든 부모들이 이런 마음으로, 이런 자세로 아이와 일생을 함께하면 좋겠습니다. 모든 부모들이 '아득한 미래'를 살아가는 아이들과 그저 '뜨거운 믿음'으로, '애타는 사랑'으로, '잠시 동행'하고 있다는 것을 알기에, 그 동행의 기쁨을 온전히 누리기를 바랍니다.

제가 만나본 학부모들은 항상 아이들을 위해 부단히 애쓰고 계셨습니다. 좋은 부모가 되기 위해 끊임없는 고뇌를 하고, 아이를 위해 기꺼이 눈물도 흘리는 사람들이었습니다. ADHD 아이를 키우는 우리들도 그렇습니다. 아이의 ADHD로 인해 다른 부모들보다 마음도 몸도 배고 그립히고 비쁘지만 최선을 다하고 있죠. 처음의 충격과 눈물의 수용, 불안한 미래에 정신없는 일상까지, 하지만 잊지 마세요. ADHD가 있는 우리 아이들이 조금은 힘겨울지 몰라도 불행하지는 않다는 것을요.

아이의 ADHD에 일상을 다 내어주지 마세요. 매일의 소소한 행복들을 흘려보내지 마세요. 아이의 미소에 한 번 더 웃어주고, 또래보다 느릴지 몰라도 어제보다 성장한 아이의 모습에 기뻐하세요. 모든 즐거움과 모든 기쁨을 의식하고 붙잡으세요. 그렇게 매일을 채워가시기 바랍니다.

세모와 저 역시 어쩌면 계속 실수하고 아파할지도 모릅니다. 하지만 이 책을 쓰면서 ADHD를 가진 세모와 어떤 마음으로 동행해야 할지 깨달았습니다. 이 책을 읽는 당신에게도 제가 느낀 희망이 깃들었기를 바랍니다. 책 속의 모든 이야기가 당신의 이야기와 같을 수는 없겠지만, 한 페이지라도 누군가에게는 하루를 견디는 위로가 되었기를 바랍니다.

정신건강의학과 대기실에 앉아있을 때, 학교에서 갑자기 오는 전화를 받았을 때, 아이에게 가슴 아픈 말을 하고 뒤돌아 후회할 때에도 당신은 혼자가 아닙니다. 그럴 때마다 이 책을 꼭 쥐고 기억하세요. 그 모든 감정을 겪어내고 앞으로 나아가는 우리가 함께 한다는 것을요.

우리 가족에게 ADHD라는 단어가 들어왔다고 해서 달라질 것은 없습니다. 여전히 서로를 아끼고, 사랑하고, 행복할 것입니다. 뜨거운 믿음과 애타는 사랑으로 동행하세요.

🔺 감사의 말

세상에 나와야만 하는 책들이 있다고 생각합니다. 누군가의 글로 저 역시 삶의 의미를 찾았기에, 누군가 간절히 듣고 싶었던 말들이 담긴 책이 있다고 믿습니다. 그런 마음으로 글을 썼습니다. 아이들이 잠들면 작은 식탁으로 출근해 묵묵히 글을 써 내려갔습니다.

이 책이 나오기까지 제게 도움을 준 많은 분들께 깊은 감사의 말씀을 전하고 싶습니다. 브런치 스토리에 글을 쓰게 해주신 '함께성장연구소'의 정예슬 작가님께 감사드립니다. 제가 지칠 때마다 정예슬 작가님이 성장하도록 끌어주신 덕분에 첫 출간 과정을 기쁘게 해낼 수 있었습니다.

ADHD 아이를 키우는 부모님들께 좋은 책이 되어 세상에 나오도록 다방면으로 지원해주신 《당신이 ADHD라고 해서, ADHD가 당신은 아니다》의 김강우 작가님과 함께 위로하고 연대해주신 오픈 채팅방 멤버들에게 감사의 말씀을 전합니다. 또한, 우울의 늪에서 건져주신 심리상담센터 원장님께도 정말 감사드립니다. 이 책은 원장님 덕분에 쓸 수 있었답니다.

엄마가 글에 빠져 사는 동안 아이들은 각자의 위치에서 일상을 건강히 보내주었습니다. 이 세상에 제가 초대한 귀한 두 손님. 아이들에게 고맙다고 말하고 싶습니다.

무엇보다 이 책이 나오기까지 엄마의 역할까지 묵묵히 맡아준 사랑하는 세모의 아빠, 나의 남편에게 감사의 말을 전하고 싶습니다. 지치는 일상에서 언제나 쉼터가 되어주는 당신을 진심으로 사랑합니다.

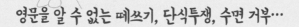

영문을 알 수 없는 떼쓰기, 단식투쟁, 수면 거부···

마음 읽기 전문가인 정신과 의사에게도
어려운 육아!

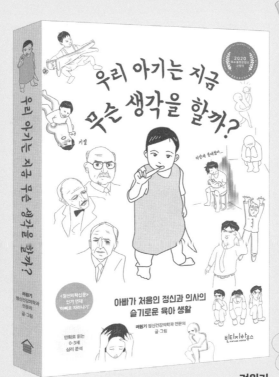

려원기
정신건강의학과 전문의 글그림

아기의 미래 성격에 영향을 미치는 중요한 생애 초기 경험!

슬기로운 육아 생활을 위한
본격 현실 육아 만화

수학도, 과학도, 사회도 결국,
'문해력'이
시작이다!

초등학생
학년별 추천도서
888권

초등학생을 위한
글쓰기 주제
200

2022년 개정 교육과정의 핵심
'창의융합형 인재 양성'과 '고교학점제'
독서&글쓰기 습관으로
초등부터 준비한다!

모든 일은 내 뇌 마음먹기에 달렸다!

프레데리케 파브리티우스, 한스 하게만 지음 박단비 옮김

내 거친 생각과

불안한 눈빛과

그걸 조종하는

뇌를 읽다

독창적이고, 유익하며,
심지어 웃기기까지 한 뇌과학!
헬렌 피셔(린드거스대학교 교수)

비타북스

내 거친 생각과
불안한 눈빛과
그걸 조종하는 뇌에 관한
궁금한 이야기

뇌를 읽다